AUSGEWÄHLTE TEXTE

Herausgegeben von
Hans Christian Meiser

JEAN GEBSER

GOLDMANN VERLAG

Made in Germany · 3/87 · 1. Auflage

Umschlaggestaltung: Design Team München
Umschlagillustration: Design Team München
Satz: Filmsatz Schröter GmbH, München
Druck: Presse-Druck, Augsburg
Verlagsnummer: 11020
Lektorat: Sybille Terrahe
Herstellung: Gisela Ernst
ISBN 3-442-11020-3

Inhalt

Vorwort

»Heute ruhen, verschüttet unter der Tünche des Fortschrittglaubens, viele Probleme, die das Leben der einzelnen betreffen, gleichsam im Scheintod: Sie kommen nicht dazu, bewußt zu werden, weil sich ihnen keine Hindernisse in den Weg stellen. Paradoxerweise geschieht dies in unseren Jahren, die zugleich die Entscheidungsjahre für die Menschheit sind und die somit mehr denn je Ansprüche an die Kraft des Einzelnen stellen. Diesen Anforderungen wird jedoch zumeist nicht entsprochen: Von den vielen Kraftquellen des Daseins werden nur jene genützt, die leicht zugänglich sind – und allzu häufig werden sie falsch genützt. Dies geschieht vor allem auch deshalb, weil die Mehrzahl heute den Erwerb eigener, innerer Sicherheit vernachlässigt. Äußeres Gesichertsein wie Besitz, Auskommen und Bankkonto, also anonyme Versicherung, ersetzt ihnen trügerisch die lebensnotwendige Sicherung ihrer selber: Was dem Herzen eingeschrieben sein sollte, das steht schwarz auf weiß in irgendeiner Police. Sie ist aber keine Gewähr. So lebt ein jeder aus der ihm gemäßen Quelle des Daseins, wobei viele gar nicht bemerken, daß das, was sie für Quellen halten, nur stehende Gewässer sind, aus denen sie zwar schöpfen, ohne aber deshalb selber schöpferisch zu sein: ohne durch innere Arbeit und durch Überwindung negativer Neigungen und Anlagen sich selber zu gestalten und somit wahrhaft Mensch zu werden.« Diese Worte Jean Gebsers finden sich in der Einleitung zu seinem Werk »Ein Mensch zu sein«. Die Menschwerdung, also das bewußte Teilhaben am Gesamt der Welt durch Eigeninitiative, ist für den 1905 in Posen geborenen und 1973 in Burgdorf bei Bern gestorbenen Kulturphilosophen, Psychologen und

Schriftsteller, der ab 1946 Dozent für Psychologie in Zürich und ab 1967 Professor für vergleichende Kulturlehre an der Universität Salzburg ist, das Ergebnis einer neuen »aperspektivischen« Weltsicht, welche die »neue Wirklichkeit« transparent werden läßt. Gebser entwickelt neue Bewußtseinszusammenhänge auf Grundlage der Durchdringung des abendländischen Geistes wie der Erforschung der asiatischen Schau der Welt. Dabei gelangt er zu dem Ergebnis, daß eines der Hauptprobleme des modernen, gespaltenen Menschen, der okzidentale Dualismus (»entweder – oder«), durch die östliche Auffassung eines »Sowohl – als-auch« aufgelöst werden wird. Gebser ist einer der wenigen enzyklopädistisch gebildeten, ganzheitlichen Denker der Gegenwart, ein Vorstreiter des holistischen Bewußtseins wie ein Bereiter des Nährbodens für heutige wissenschaftliche Beschäftigung mit der »coincidentia oppositorum«, dem Zusammenfall der Gegensätze. In seinem gesamten Werk versucht Gebser die Veränderung der Bewußtseinslage Europas darzustellen. Er stützt sich dabei im wesentlichen auf vier Tatsachen:

1. das durch Einsteins Relativitätstheorie ermöglichte Begreifen der Einheit von Raum und Zeit;
2. die von Planck (Physik) und Kayser (Harmonik) vorangetriebene Aufhebung des Gegensätzlichen;
3. die Aufgabe der Ursache-Wirkung-Beziehung (Kausalität);
4. die Relativierung der Bezüge.

Daraus entwickelt Gebser eine humane Universalität (vor allem in seinem Hauptwerk »Ursprung und Gegenwart«), welche den Menschen zu dem führt, was er seiner Bestimmung und seinem Wesen nach ist: nicht die »grausame Bestie«, für die Friedrich der Große ihn hielt, sondern ein zur Verantwortung gerufenes Individuum, welches die Fülle der Welt und ihre darin verborgenen Möglichkeiten nicht mehr rational, sondern »a-rational« (irrational!) verstehend sich aneignen kann. Damit jedoch »ist das Wissen verbunden, daß das Dasein nur *eine* Erscheinungsform des Lebens ist, die materielle und sichtbare, welche durch das bewußte Ja zu der sogenannten unmateriell-unsichtbaren Erscheinungsform uns das Wirken des Weltganzen durchsichtig machen kann. Ein Wissen, das uns die Geborgenheit auch im Ungreifbaren, welche viele als Verlorenheit betrachten, zu vermitteln vermag.« Diese Vermittlung zu ermöglichen war der Grund zu den vorliegenden »Ausgewählten Texten« Jean Gebsers, einem Denker, dessen umfassendes Werk bislang nur wenigen bekannt war, obwohl ein Großteil heutiger »Esoterik« auf seinen Gedanken fußt. Wenn die große Bewußtseinswerdung tatsächlich eintritt (was angesichts der komplizierten Weltlage zu hoffen ist), wird auch die große Stunde Gebsers kommen, eine Stunde, die eine Ewigkeit dauern sollte.

Der Herausgeber

Ein Mensch zu sein

Menschenbild und Lebensgestaltung

Jeder von uns glaubt zu Recht, irgend ein Bild vom Menschen zu haben. Was ist der Mensch? Es hat wohl noch keinen Menschen gegeben, der diese Frage beantworten konnte. Aber immerhin: Der Mensch ist mehr, erstens einmal, als wir alle glauben oder sehen, und zweitens ist er vielschichtiger, als wir gemeinhin annehmen. Diese Unterschätzung resultiert aus dem einseitigen Gebrauch unseres heutigen mental-rationalen Denkens, mit dem wir glauben, wir könnten ausschließlich dank seiner das Leben meistern und gestalten. Wir müssen in unsere Vergangenheit schauen, um den Reichtum eines umfassenderen Menschenbildes oder des Menschen zu skizzieren.
Der sogenannte Primitive wird wahrscheinlich kein Bild vom Menschen haben, denn er verfügt noch nicht über ein Bewußtsein, das auf sich selbst reflektiert. Dieses ichhafte Selbstbewußtsein aber spielt in diesem ganzen Fragenkomplex, jedenfalls für den westlichen Menschen, die ausschlaggebende Rolle. Wir selber sind, was das Bewußtsein anbetrifft, auf eine sehr merkwürdige, sehr hintergründige und von uns meistens verdrängte und verratene Art, wenn wir sehr genau hinschauen, mehrfach strukturiert. Ich möchte hier nicht schematisieren, aber man muß leider sehr klare Grenzen ziehen, die als solche im Lebendigen nicht vorhanden sind, wo alles leise ineinander übergeht. Diese Typisierung ist also nicht als ein brutaler Akt der Lebensvergewaltigung anzusehen.
Die Strukturierung, der wir eigentlich unsere Lebens- und unsere Reaktionsfähigkeit verdanken, ist zumindest dreifacher, wenn nicht vierfacher Art.
Wir haben das, was man ein archaisches Bewußtsein, ein

Ursprungsbewußtsein nennen könnte, das den meisten eigentlich nicht mehr bewußt ist; wir haben ein magisches, das mehr im Vitalbereich gründet; wir haben ein mythisches, das mehr psychisch begründet ist; wir haben ein mentales, rationales, das mehr im Denken beheimatet ist; und es kommt vielleicht noch ein fünftes hinzu: Es bahnt sich ein neues, das ich als integrales beschrieben habe, an.

Archaisches Bewußtsein, das heißt jene ursprünglichste »Schicht« in uns (ich setze es in Anführungszeichen, denn es sind ja keine Schichten, es sind Strukturen, die ineinander spielen und deren Zusammenspiel unser Leben, auch unseren Mut zum Leben und unsere Bewahrung durch das Leben ermöglichen), über diese archaische Struktur läßt sich eigentlich kaum etwas aussagen. Vielleicht ist es, um im Gleichnis zu sprechen, der Paradieseszustand, da der Mensch selbst noch ganz und gar eingeschlossen und undifferenziert und ungeschieden vom Kosmos, vom All, von Gott, oder wie immer man es auch benennen mag, lebt. Dieses Konzept oder diese Möglichkeit ist keine Spekulation. Ich erinnere an ein apokryphes Wort Christi, es steht bei Origenes. Dort sagt Christus zu seinen Jüngern: »Ich habe Euch auserwählt, bevor die Erde entstand« –, ich glaube, es ist ein Wort, über das man viele, sogar sehr viele Tage nachdenken kann, und zugleich ein Hinweis auf jene archaische, urtümlich-ursprunghafte Konstellation, in der bereits auch schon etwas wie Bewußtsein herrschte. Wir haben uns, aus unserer mental-rationalen Einstellung heraus, die sich ja immer der Schwarzweißmalerei und der dualistischen Betrachungsweise verpflichtet fühlt, leider daran gewöhnt, Leben in unorganisches und organisches aufzuspalten, so als hätten beispielsweise der Stein, die Blume oder das Tier nicht auch ihre Form von Bewußtsein. Heute wissen wir dank der Forschungen der Biologie, vor allem der Quantenbiologie, daß diese Schwarzweißmalerei von organisch, unorganisch, lebendiger, toter Materie falsch ist. Dieser Dualismus ist genauso töricht gewesen, wie der Dualismus zu meinen, es gäbe einerseits nichtbewußte – ich sage nicht: unbewußte – Wesen oder Erscheinungen und andererseits den vollbewußten Europäer als Schöpfungskrone, der natürlich alles zu seiner Verfügung hat. Ich spreche deshalb also vom Bewußtsein auch der archaischen Struktur. Einen anderen Hinweis auf diese archaische Bewußtseinsstruktur findet sich in dem taoistischen Werk des Dschuang Dsi, welches uns uralte chinesische Weisheit überliefert. Es ist »Das wahre Buch vom südlichen Blütenland« (Diederichs, Jena 1940), das der große Sinologe Richard Wilhelm übersetzt hat. Dort heißt es an einer Stelle (siehe Seite 12 und 226): »Die wahrhaften Menschen der früheren Zeiten (die berufenen Heiligen) schliefen traumlos.« Erstens ist es symptomatisch, daß jener chinesische Weise, der um 350 v. Chr. lebte, das einsichtige Wissen hatte, von seinen Vorfahren, die doch, wie wir meinen würden, reichlich »primitiv« waren, als von »berufenen Heiligen« und »wahrhaften Menschen« zu sprechen. Und das andere: Er bekundet, daß sie keine Träume hatten. Damit ist gesagt, daß das reflektierende Bewußtsein, das Spiegelbewußtsein, noch nicht erwacht ist, daß sie noch absolut mit dem All, dem Kosmos und allem verbunden waren. Träume sind schon Spiegelungen, und Spiegelungen sind nur dort, wo eine Trennung erfolgte, so daß ein Gegenüber da ist oder doch etwas, was sich spiegelt. Wenn ich aber im Ganzen bin – was soll sich spiegeln, da sie mit dem Ganzen eine Identität bilden. Wie stark diese Identität war, geht noch aus einer anderen Äußerung hervor – ich kenne nur diese zwei Quellen, die einen Hinweis auf die archaische Struktur geben. Diese zweite chinesische Äußerung besagt, daß die Menschen der Vorzeit den Unterschied zwischen Grün und Blau nicht kannten. Zu meinen, es gäbe dafür rationalistische Erklärungen, beispielsweise Farbenblindheit, dürfte hinfällig sein; gelten dürfte, daß ein solches Nichtunterscheiden zwischen dem

Blau des Himmels und dem Grün der Erde ein Hinweis darauf ist, daß Himmel und Erde für diese Menschen oder für das Bewußtsein dieser Menschen noch nicht geschieden waren.

Wenden wir uns nun der magischen Bewußtseinsstruktur zu. Im Verlaufe der Menschheitsgeschichte erfolgte einige Male das, was ich als Bewußtseinsmutation beschrieben habe, nämlich ein ganz plötzliches Inerscheinungtreten neuer Fähigkeiten, die, um sich darstellen zu können, durch das Bewußtsein gehen müssen. Das Bild, das wir uns von der Welt oder vom Menschen machen, hängt von der Form und der Art unseres Bewußtseins ab. Damals, ganz früh, es kann um die Zeit von Atlantis gewesen sein, es kann auch bereits in der Voreiszeit gewesen sein – es ist da schwierig, irgendwelche genauen Datierungen zu geben –, brach zum ersten Mal diese Identität des Archaischen in sich zusammen, oder vielmehr es sonderte sich etwas aus: Der Mensch bekam oder erhielt einen eigenen Stand innerhalb des Ganzen, der Identität. Er fing an, in einer gewiß noch sehr schlafhaften Weise, der Welt gegenüberzustehen. Der magische Mensch bildet nicht mehr eine Identität, aber er bildet noch eine Einheit, eine Unität mit allem, was ihn umgibt. Seine Art Bewußtsein ist schlafhaft, so wie auch wir Bewußtsein haben, wenn wir schlafen; doch es ist noch nicht, was sehr wichtig ist, Traum. Es ist jene Sphäre des Lebens, die, so wir es vegetativ sehen wollen, der Wurzelbereich des Lebens ist. Wenn wir beispielsweise die Wurzel einer Pflanze aus dem Boden reißen und sie betrachten, dann wissen wir nicht genau, wo die Wurzel aufhört und wo die Reste von Erde anfangen, die an der Wurzel hängen. Wenn wir uns das einmal ganz genau ansehen, dann sehen wir, daß dieser Unterschied absolut fließend ist. In diesem Wurzeldunkel, in diesem gewissermaßen unterirdischen schlafhaften, dunklen, mütterlichen Bereich, da spielt sich das ab, was das magische Leben als solches ist. Dort gibt es noch das, was wir heute aus einer gewisssen Pervertiertheit des rationalen Denkens heraus lächerlich als Zufall beschreiben. Im magischen Bereich sind die Dinge immer alle gleichzeitig vorhanden und gegeben, sie fallen dem Menschen wirklich zu, und vor allen Dingen: Er versucht erstmals sich als Mensch der Natur gegenüberzustellen, dieser Natur, in die er noch ganz eingebettet ist. Das äußert sich in magischen Jagdritualen, das äußert sich später in einer defizienten, also negativen Weise in dem Zaubern – darauf kommen wir vielleicht nachher noch mit Bezug auf unsere heutige Zeit zu sprechen. Der magische Mensch kann etwas nicht, was uns selbstverständlich ist, er kann nicht auf unsere Weise denken, folgern, kausal Beziehungen herstellen. Wir wissen aus Berichten der Völkerkundler, die die sogenannten primitiven Stämme beobachtet haben, daß der Kausalkonnex, den wir manchmal allzu leichtfertig herstellen, für sie überhaupt noch gar keinen Vorstellungswert hat, da sie diesen noch nicht kennen. Wenn man eine Vorstellung von etwas hat, so bedeutet das, daß das, was ich mir vorstelle, mir gegenüber sein muß, denn sonst kann ich es mir nicht vorstellen oder vor mich hinstellen. Dieser Mangel an exaktem kausalen Denken ist sehr symptomatisch für die Reaktionsweisen des magischen Menschen oder überhaupt der magischen Komponente in uns, denn was wir kausal untersuchen, das ist für ihn nicht eine Folge, sondern eine Unität, eine Gleichzeitigkeit: Alles wirkt auf alles, es ist das »pars pro toto«, aber ein »totum pro parte«; letztlich ist alles auswechselbar. Ich gebe zu, wenn wir jetzt zurückblicken und uns weder das soeben Ausgeführte längere Zeit klargemacht haben, noch durch eigene Erfahrungen, deren wir uns allmählich erinnern, eine Beziehung zu dieser Welt wieder herstellten, ist diese Welt, so wie ich sie schilderte, nicht nur irrational sondern prärational, und sie ist, was noch unangenehmer ist, fast etwas unheimlich. Wir sträuben uns mit unserem Verstande dagegen, diese Dinge zu akzeptieren, weil wir nicht mehr um sie wissen oder weil wir eigentlich Angst vor ihnen haben. Das ist alles dunkel, ist nicht ganz erklärbar und deshalb verdrängen wir es, nicht im psychologischen psychotherapeutischen Sinne, sondern indem wir einfach nicht daran denken, weil wir es tabuieren. Damit berauben wir uns der Kenntnis unserer Wurzeln, der Kenntnis jener Lebensvorgänge und Reaktionen, die uns durch den ganzen Tag hindurch begleiten. Denn ich glaube, niemand ist so vernunfthybrid, daß er meint, er gestalte sein Leben nur durch die Aktionen seines kausalen Denkens und seines Verstandes. Wenn man sich einmal einen Tagesablauf vergegenwärtigt und sich dann fragt, was ist denn heute geschehen? Ich habe das und das gewollt, ich habe das und das gemacht, und dann ist auch das gekommen, und dann ist plötzlich alles ganz anders gegangen, aber es war eigentlich ganz gut, es war ein Zufall ... Dies ist ein ganz allgemeines Beispiel – aber: Es war ein Zufall, doch ist es ja ganz gut gegangen. Was steckt denn dahinter? Jene tiefste Gefügtheit des Lebens, die eben doch noch die Kraft hat, unsere Reaktionen zu richten oder zu lenken, so daß wir dieser Gefügtheit nicht entgehen können. Da sind wir beispielsweise sehr betrübt darüber, daß uns alle drei, vier Jahre einmal etwas passiert, was sehr unangenehm, womöglich äußerst blamabel ist. Dann sagt man sich, jetzt hast du wieder deinen alten Fehler gemacht. Wenn man sich das tatsächlich sagt, so ist schon sehr viel erreicht. Die meisten sagen nämlich dann: Der andere war schuld. Man sagt meist nur dann, wenn etwas Schlechtes passiert, daß der andere schuld sei; wenn etwas Gutes passiert, dann hat man selber Recht gehabt, und war es womöglich sehr gut, so war man jemand, der etwas geleistet hatte. Wir vergessen es gern, daß die peinlichen und blamablen Erlebnisse Antworten der Welt auf unsere Art darstellen, auf die Weise, wie wir selber innerlich gefügt sind. Man sollte immer wissen, wenn einem etwas Unangenehmes geschieht, daß man weitestgehend selber die Schuld trägt, denn man hat aus seiner Person heraus, aus seiner Art zu sein, zu reagieren, die

Umwelt gestalten zu wollen, das konstelliert, was einem geschieht. Diese magische Gefügtheit des Lebens, auf die wollte ich hinweisen. Sie spielt sich in jenen tiefsten Schichten ab, die wir verstandesmäßig kaum erreichen, deren wir ansichtig werden können, wenn wir auf eine klare, saubere, nicht aggressive, affektive Art und Weise die Reaktionen und die Fügungen unseres Lebens und unseres Lebensweges betrachten. Dieser ganze magische Komplex ruht in dem, was ich das Schlafbewußtsein genannt habe, dessen rezeptives Organ das Ohr ist.

Der magische Mensch ist noch nicht in unserem Sinne handelnd, er ist ein vornehmlich empfangender, ein hörender Mensch, der das, was da unter dem Erdboden, was im dunklen, vitalen Wurzelbereich geschieht, einfach geschehen läßt. Das Ohr ist das empfangende Organ par excellence. Denken Sie an die magische Wirkung beispielsweise der Urwaldtrommel, denken Sie an den Einfluß von Musik auf uns, die uns aus der Zeit heraushebt, uns zeitlos werden lassen kann. Diese Zeitlosigkeit und auch diese Raumlosigkeit, wo das, was »hier« geschieht, auch »dort« geschieht und einander beeinflußt, liegen auch den telepathischen Phänomenen zugrunde, die heute sogar von der Wissenschaft anerkannt werden mußten, sowie vielen Geschehnissen, die sich in unserem eigenen Leben ereignen: Da kommt beispielsweise gerade der um die Straßenecke, von dem ich soeben gesprochen habe. Immer kommen gerade die »Esel« um die Ecke, die man genannt hat; aber es sind mit der Zeit so viele Esel und so viele Ecken, daß man es sich allmählich wohl doch eingestehen sollte, daß das nicht dauernd »Zufall« sein kann. Da spielt das Magische hinein. Es ist ein sehr komplexer Vorgang und auch etwas schwer zu verstehen, weil es mit dem Verstand eigentlich nicht begreifbar ist. Abgesehen davon: In diesem ganzen magischen Bereich spielt vor allem auch das Sexuelle eine ausschlaggebende Rolle, er ist der Vitalbereich. Es ist kein Zufall, daß man beispielsweise von Menschen, die sich Hals über Kopf verlieben, falls diese Bindung nur Verliebtheit ist, sagt, sie seien hörig geworden. Da ist es wieder: das Ohr, das lauscht, das empfängt, und die ganze magische Konfiguration ist in unserem Blickfeld. Oder das andere: »Du gehörst mir«, dieser Machtanspruch, dieser Besitzanspruch; oder im Militärischen: »Du mußt gehorchen« – immer ist da Ausschaltung der Individualität. Wenn ich *hörig* bin, bin ich selber nicht mehr, sondern nur noch ein Teil des, wie man dann meint, geliebten Wesens. Wenn ich *gehorche*, bin ich nicht mehr, sondern ich habe irgend etwas als Instrument auszuführen – ich meine den Kasernenstil von 1900. Und wenn mir etwas *gehört*, dann lösche ich das andere Ding oder den anderen Menschen aus, an den ich diesen Anspruch stelle. Man sieht, wie das ineinandergreift, wie sich die Ichlosigkeit des Magischen im Auditiven zu erkennen gibt. Was geschah im Laufe der menschheitsgeschichtlichen Entwicklung, sofern das eine Entwicklung im Sinne des darwinistischen Prozesses ist, was bezweifelt werden darf? In dem Maße, in dem der magische Mensch aus dem Schlafbewußtsein auftaucht – das kommt in den Jagdritualen zum Ausdruck, die ja schon ein Gegenüber kennen, wenn das Tier, das erlegt werden soll, in den Sand gemalt wird –, findet ein erstes Aufwachen statt, ein erstes Empfinden dessen, daß es etwas wie ein Gegenüber gäbe, und wahrscheinlich gibt es da auch ein erstes Raumgefühl, das aber nicht reflexiv, das noch nicht denkbar ist, also auf unsere Weise gedacht wird, sondern eher so wie ein Kind den Raum erlebt. Das Kindesalter entspricht durchaus der magischen Struktur, das spätere dann der mythischen.

Aus dem magischen Schlafbewußtsein erwachend, formt sich das aus, was ich als die mythische Bewußtseinsstruktur bezeichnet habe. Welche sind deren Charakteristika? Mythisch ist das Einander-Sich-Ergänzende. Die Seele und ihre Bilderwelt, der Traum, sowohl der individuelle Traum als auch die Mythen der Völker, die gewissermaßen die Kollektivträume der Menschheit sind, sind einander verwandt, vor allem aber sind sie, einerseits menschheitlich, andererseits individuell gesehen, Ausdrucksformen des mythischen Bewußtseins. Während der magische Mensch noch durchaus in die Unität eingewoben ist, in die Welt des pars pro toto, ist der mythische Mensch bereits ein Mensch des Traumbewußtseins: Jetzt dürfte der Begriff Bewußtsein in der Verbindung mit dem Worte Traum nicht mehr so stören, wie es vielleicht vorher der Fall gewesen ist, denn daß sich im Traum Bewußtseinsvorgänge spiegeln, ist uns ja allen aus der eigenen Erfahrung bekannt. Anstatt der Unität, in der sich der magische Mensch befindet, ist es für den mythischen Menschen die Polarität, das einander Ergänzende. Hier kündigt sich schon eine gewisse Entzweiung an, die aber, wie dann im mentalen Bereich, noch keine Gegensätzlichung ist. Dieses Erwachen zur Polarität ist eine unerhörte Leistung und lebenserhaltend insofern, als jetzt ein Spannungsverhältnis eintritt, und jede Spannung ist ja lebengebend, das in der Unität des magischen Menschen nur latent vorhanden war und sich nur allmählich herauszukristallisieren begann. Es kommt noch etwas hinzu: Zum ersten Mal erhält der Mensch ein reflexives Bewußtsein dessen, was Zeit ist. Er nimmt bewußter als der magische Mensch zumindest an dem kosmischen und naturhaften Zeitablauf teil. Den Raum kennt er eigentlich noch nicht; sowenig wie ein Raumdenken oder eine Raumvorstellung Sache des magischen Menschen waren oder des Kleinkindes sind, so wenig ist im mythischen Bereich eine Raumvorstellung oder ein Raumdenken vorhanden. Das wird an Athene deutlich, der griechischen Göttin; von ihr heißt es, wie von anderen Göttern, daß sie sich in Gedankenschnelle von Ort zu Ort zu bewegen vermochte: Es gibt für sie keine Entfernung im Raum, der Raum ist also inexistent. Der mythische Mensch lebt in der Ergänztheit, in der Polarität. Man kann sich ein Bild vom Mythischen machen, wenn man an ein Wort des Heraklit denkt; es gibt deren viele, die der gleichen Art sind, aber ich will nur eines herausgreifen: »Hades aber und Dionysos sind die gleichen.« Aussagen wie diese, deren ich bereits einige zitiert habe, sind Kernworte, in denen sich eine Grundbefindlichkeit, eine Grundsituation, eine jeweilige menschheitliche Konstellation derart überscharf herauskristallisiert, daß man nur dankbar sein kann, daß es geniale Menschen gegeben hat, die fähig waren, sie in Worte zu fassen. Denn was heißt das: Hades aber und Dionysos sind die gleichen? Hades ist der Gott der Unterwelt, Dionysos ist der Gott des Lichts, der Sonne, und sie sollen die gleichen sein? Es sind die gleichen; sie sind das, was ich Polarität nannte.

Es ist für den mythischen Menschen immer so, daß das Nichtanwesende als Abwesendes doch anwesend ist. Das klingt vielleicht umständlich, ist paradox, und rational nicht faßbar. Es ist wie bei einer Münze: Man sieht sich die Münze an, da steht auf einer Seite die Zahl, aber die andere Seite, die mit dem dort eingeprägten Kopf, ist ja auch vorhanden. Wir aber sehen jeweils immer nur die eine Seite, was aber nicht bedeutet, daß nicht beide Seiten da wären. Oder man erinnere sich des Yin-Yang-Prinzips der Chinesen, das die mann-weibliche Ergänztheit, aber auch die von Erde und Himmel zum Ausdruck bringt und durch das Tai-Ki-Symbol dargestellt wird. Richard Wilhelm, der auch Dschuang Dsi übersetzt hat, hat nachgewiesen, daß das Tai-Ki als Yin-Yang-Prinzip die sonnenbeschienene Seite eines Hügels und die im Schatten liegende Seite eines Hügels versinnbildlicht. Wir sehen infolge unserer gegenständlichen Betrachtungsweise immer nur das, was vor unseren Augen liegt und denken gar nicht daran, daß zu dem uns Sichtbaren auch seine ungesehene, unsichtbare Seite gehört, ohne welche es das Ganze überhaupt nicht gibt. Deshalb haben wir ja auch eine geteilte Welt. Jetzt muß ich, was das Mythische anbetrifft, bevor ich mich unserer heutigen Bewußtseinsstruktur zuwende, noch einmal betonen, daß es vor allem an die Seele gebunden ist. Wenn Triebhaftes zur

Wirkung kommt, das an das Magische gebunden ist, dann ist das ein magischer Vorgang. Im Mythischen aber handelt es sich um das Erwachen der Seele im Menschen. Seitdem kann er unterscheiden zwischen Grün und Blau, zwischen Himmel und Erde, die für ihn nicht Gegensätze, sondern polare Entsprechungen sind, denn das eine ist ohne das andere nicht denkbar. So wie Tag und Nacht einander entsprechen, so wie Frau und Mann einander entsprechen, so wie Sonne und Mond, Dunkel und Helligkeit nicht Gegensätze sind, sondern in ihrer polaren Gebundenheit jeweils nur zusammen das Ganze sind. Diese mythische Konstellation ist psychisch und irrational; rational und kausal läßt sie sich nicht darstellen. Sie ist auch bislang die Welt des Glaubens gewesen.
In der Entfaltung des Bewußtseins vollzog sich dann noch einmal – und das kann man sehr deutlich ablesen, denn wir kommen jetzt in die geschichtliche Zeit – eine Mutation, ein Sprung – mutare heißt ja einen Sprung machen. Einmal – es ist jetzt fünfzehn Jahre her –, als ich über diese Dinge sprach, standen nach dem Vortrag sehr ehrenhafte Wissenschaftler auf und warfen mir vor, es wäre nicht zulässig, daß ich einen Begriff der Biologie – Mutation – für ein geistes- oder seelengeschichtliches Phänomen benutze. Dabei hatte ich betont, daß ich von Mutation nicht im biologischen Sinne, wo Mutation eigentlich immer Minusmutationen sind, spräche, sondern von Plusmutationen, weil geistige Mutationen in der Polarität zum Bios nur Plusmutationen sein können. Abgesehen davon hat dann kurz darauf C. F. von Weizsäcker auch in diesem Sinne von geistigen Plusmutationen gesprochen. Noch während ich mir überlegte, wie ich auf kürzeste Weise diesem Einwand der sogenannt unzulässigen Transponierung eines Begriffes aus einem Gebiet in ein anderes begegnen sollte, stand Erwin Schrödinger, der große Physiker und Nobelpreisträger, auf und sagte dem Sinn nach etwa folgendes: »Also meine Herren, so geht es natürlich nicht. Sehen Sie, in meiner eigenen mathemati-

schen Disziplin, da haben wir zum Beispiel Brüche – ich arbeite dauernd mit Brüchen –, ja und denken Sie sich, der Chirurg tut es auch und nennt es auch so.«

Am Ende der mythischen Zeit geschah dann etwas absolut Überwältigendes, das für die damalige Menschheit in demselben Maße beängstigend, schmerzhaft, unruhestiftend und Weltuntergangsvorstellungen auslösend war, wie das, was heute in unseren Tagen geschieht. Damals war es der Sprung aus dem mythischen Bereich in den mentalen Bereich, der heute noch in unserer Art zu leben und die Welt zu betrachten, vorherrschend ist. Damals spielte sich dieses Geschehen für uns in Griechenland ab; seit etwa 500 v. Chr. konsolidierte es sich, nachdem es sich schon einige hundert Jahre vorher angebahnt hatte: Damit erwachte der Mensch gewissermaßen zum Tagesbewußtsein.

Der magische Mensch hatte noch ganz tief in der nicht einmal bewußt erfaßten Sippe oder dem Clan gelebt. Auch der mythische Mensch lebte noch mehr im Sippenverband als in der eigenen Familie. Er lebte im »Wir«. Sein Ich war noch nicht erwacht. Der magische Mensch ist ichlos, so wie das Kleinkind ichlos ist. Wir kennen alle jenen erstaunlichen Augenblick, wo das kleine Kind zum ersten Male nicht »Lotte will das« sagt, sondern »*Ich* will das«. Dieses Ich, das das Kind nennt, dieses erste Ich, ist freilich noch nicht unser Ich, das Ich des Erwachsenen, aber es ist der Ansatz dazu. Dieses Wort »Ich« kommt zum ersten Mal in der Literatur, in der Kunst – die Kunst bietet die besten Ablesungsmöglichkeiten für derartige Strukturierungen –, in der Odyssee vor: Im achten Gesang gibt sich, von Nausikaa gerettet, Odysseus am Hofe der Königstochter zu erkennen. Da steht dieses unerhörte Wort erstmalig in der Menschheitsgeschichte »Eim' Odysseus«, »*Ich bin* Odysseus«. Dort wird es zum ersten Male mit vollem Bewußtsein ausgesprochen: Ich bin der und der, und ihr seid die anderen. Diese Ichfindung ist für den mentalen Bereich konstituierend. Erst seitdem gibt es das, was wir Philosophie und eine Frühform der Wissenschaft nennen, wobei die aristotelische Philosophie rationaler als die platonische ist. Was heißt das aber? Früher wurde *berichtet;* alle Weisheitsbücher, alle Weisheitsquellen, alle Schöpfungsberichte sind keine Darstellungen, sondern an das bildhafte Schauen gebundene Berichte, aber niemals Interpretationen oder Darstellungen in dem Sinne, wie wir etwas darstellen. Und was geschieht jetzt? Zum ersten Mal wird nicht einfach gesagt, das und das ist so, sondern der Mensch spricht mit dem Mitmenschen. Er vermittelt ihm sein Wissen nicht mehr durch einfache Aussage, einen Bericht oder eine symbolische Schilderung, sondern im Dialog. Dieses Phänomen, daß etwa ab 500 v. Chr. zum ersten Mal in der Menschheitsgeschichte Texte geschrieben werden, die in der Dialogform gründen, ist ja ein Hinweis darauf, daß der Lehrende sich nun plötzlich an einen bestimmten Lernenden, daß ein Ich sich an ein Du wendet. Sowohl Zarathustra, sowohl Konfutse, sowohl Lao-tse, sowohl Mahavira, der Begründer des Jainusmus, sowohl Buddha als auch (bei uns) Sokrates beziehungsweise Platon übermittelten uns erste philosophische und nicht mythische Texte, gedachte Darstellungen, die in der Dialogform geschrieben sind; auffallend daran ist, daß dieses Phänomen in den damaligen Hochkulturen zusammengedrängt in jenem kleinen Zeitraum von zweihundert Jahren (500 bis 300 v. Chr.) in Erscheinung tritt. Es ist, wenn man es zu Ende denkt, ein erstaunliches Phänomen, denn schließlich hat Sokrates sich nicht mit Buddha dahingehend verständigt, nicht mehr bildhaft zu schildern, sondern beweisend darzustellen, indem sie mit den Schülern sprachen. Man darf vielleicht fragen, woher wohl der Antrieb kam, daß in diesen drei, vier Hochkulturen, mehr oder weniger gleichzeitig, eine ganz neue Art die Welt zu betrachten, Form und Ausdruck annahm. War es etwa Zufall? Wenn wir es als Zufall bezeichnen, berauben wir uns eines so großen Reichtums und einer solchen Beziehungsfülle und der Einsicht in das

Ineinanderwirken so vieler Dinge, die hintergründig sind, daß es mir immer leid tut, wenn man dieses Phänomen einfach als Zufall abtut und es damit wegräumt, weil es unbequem ist zuzugeben, daß dahinter die Wirkung einer »höheren Instanz« stehen könnte, die beunruhigt.
Dies mentale Denken setzte damals ein und veränderte unsere Art, den Menschen zu sehen, grundlegend. Hinzu kommt, daß außer der Seele nun dem Menschen auch das bewußt wird, was ihm deutlich gegenübersteht: der Raum. Die ersten Versuche, den Raum als solchen darzustellen, finden sich in der frühgriechischen Vasenmalerei; es sind noch verzeichnete Perspektivansätze, was man nur rückschauend sehen kann; in der Zeit selbst, als Zeitgenosse, sieht man es nicht, sowenig wie wir heute sehen, sondern nur vermuten können, wohin unsere neue »Kunst« mit ihrer zum Teil unbeschreiblichen Art und Weise der Lebenszerstückelung tendiert. Die damals einsetzende Raumerfassung wird dann vollständig eigentlich erst in der Renaissance, und zwar durch Leonardo da Vinci geleistet. Sie fängt bei Giotto an, im Geistesgeschichtlichen parallel dazu bei Petrarca. Diese Welt, diese gedachte, diese vorgestellte Welt, und nicht mehr die im Traumbild oder im Mythos geschaute Welt des Mythischen, noch die in der Unitätssucht der Verschmelzung magisch erfahrene Welt, war seither vorherrschend.
Ich habe bereits im Verlaufe meiner Ausführungen hin und wieder auf Gestaltungsmomente hingewiesen, die sich aus unseren Überlegungen für das Leben des einzelnen ergeben können. Eine Lebensgestaltung ist nur dann möglich, wenn wir uns klar darüber Rechenschaft ablegen, wie wir als einzelne bewußtseinsmäßig strukturiert sind. Darüber soll abschließend gesprochen werden.
Zuvor möchte ich jedoch noch auf ein beachtenswertes Phänomen hinweisen, das Ihnen vielleicht das Begreifen unserer Zeit etwas erleichtern kann, die, da wir heute in einer doch offensichtlichen Zeit des Umbruchs stehen, ungemeine Anforderungen an uns stellt, die den entsetz-

lichen, aber auch beglückenden Anforderungen ähneln, welchen seinerzeit die Menschen der letzten Bewußtseinsmutation, jener die sich um 500 v. Chr. ereignete, ausgesetzt waren. Es gibt Hunderte von Hinweisen auf dieses Phänomen, von dem jetzt zu sprechen ist, die auch für die Lebensgestaltung des Einzelnen wichtig sind, weil die Allgemeinentwicklung stets mit der persönlichen parallel geht. Dieses Phänomen besteht darin, daß wir heute, wie ich meine nachgewiesen zu haben, in einer neuen Bewußtseinsmutation stehen, die uns aus dem mental-rationalen in das integrale, das ich ja bereits erwähnte, führt. Dafür, daß etwas zu Ende geht, möchte ich als einziges Beispiel ein ganz kurzes, jedoch sehr komplexes geben: Die vier Hauptpfeiler unserer Art zu denken, die Welt darzustellen und die Welt zu erfassen, war die von den Griechen für uns eroberte Denkweise mentaler Art. Seit etwa Anfang dieses Jahrhunderts fangen die vier Eckpfeiler dieses Denkens an fragwürdig zu werden. Davon, daß sie ganz beseitigt werden könnten, kann nicht die Rede sein, weil dann keine Art guten, sauberen, logischen, kausalen Denkens mehr möglich wäre. Aber ihre nunmehr begrenzte Gültigkeit ist heute erwiesen. Diese vier Hauptpfeiler waren die euklidische Geometrie, die aristotelische Logik, die demokritische Atomlehre und die aristarchische Lehre von der Heliozentrik.

Die euklidische Geometrie ist durch Gauß, Riemann, Einstein in eine nichteuklidische überhöht worden, das heißt nicht, daß die euklidische für gewisse Bereiche nicht mehr gelte; davon kann keine Rede sein, aber ihre Allgemeingültigkeit, ihre absolute Gültigkeit ist erschüttert. Ohne sie hätten wir weder Ultraschall-Flugzeuge, aber auch keine Atombombe. Ohne die vierdimensionale Mathematik oder Physik wären sie niemals möglich geworden.

Die demokritische Atomlehre besagte, daß das Atom der letzte Baustein der Welt ist, da es unteilbar sei. Inzwischen aber ist es geteilt worden.

Wir haben heute gewissermaßen eine nichtdemokritische Atomlehre.
Eines der Hauptaxiome der aristotelischen Logik war der Satz: Tertium non datur (= ein Drittes gibt es nicht), denn entweder ist etwas oder es ist nicht, und somit ist eine dritte Möglichkeit ausgeschlossen. Hier, in dieser Alternative liegt die Wurzel für das Gegensatzdenken, für den Dualismus, in dem das Entweder-Oder die ausschlaggebende Rolle spielt. Nach dieser Schwarzweißmanier haben wir, besonders in der letzten Zeit, fast alle Phänomene beurteilt: entweder Rußland oder Amerika, und dazwischen der »Eiserne Vorhang«. Diese Entweder-Oder-Haltung steht im ausgesprochenen Gegensatz zu jener Haltung, die eigentlich die mythische war, wo vor allem das »Sowohl-als-auch« galt. Denn Hades ist sowohl Dionysos als auch Hades selbst. Aufgrund der neuen kernphysikalischen Erkenntnisse sind wir genötigt worden, die bisherige alternative Denkweise aristotelischer Art des Entweder-Oder, des »tertium non datur« teilweise aufzugeben. Für den Wirklichkeitsbereich der Kernphysik, der sich unseren Augen entzieht, aber nicht unseren Feststellungen, ergab sich, daß – und ich beschränke mich hier auf ein etwas ungeschlachtes Beispiel – wir nicht mehr sagen können, ein Atom oder ein Elementarteilchen, die kleinere Form des Atoms, ist entweder Korpuskel oder Welle. Das aber bedeutet, daß die Wirklichkeit nicht entweder-oderhaft strukturiert ist, sondern daß etwas Sowohl-als-auch sein kann. Denn durch die neue Atomphysik wissen wir, daß die Materie stets zur gleichen Zeit sowohl Welle als auch Korpuskel ist, nur daß wir nicht beider Formen zugleich ansichtig werden können, so wenig, wie wir von einem Geldstück, wenn wir es vor uns haben, auch die Rückseite sehen können. Welle oder Korpuskel sind, so hat es Einstein und nachher Eddington definiert, nur andere Erscheinungsformen des Gleichen, eine anscheinend ausgesprochen mythische Erklärungsform, aber mit dem Unterschied, und darauf kommt es an,

daß die mythische sich über die Tragweite und Art ihrer Realisation gar keine Rechenschaft ablegen konnte. Wir werden heute, und das ist der Unterschied, durch die bewußte Akzeptierung des Sowohl-als-auch nicht wieder irrational, die Kernphysik wird dadurch nicht etwa irrationalisiert, indem wir die mythische Konfiguration zugeben, sondern diese Akzeptierung ist ein Zeichen dafür, daß wir fähig wurden, uns aus einem wachen oder überwachen Bewußtsein heraus sowohl die mentale Art zu sehen als auch die mythische, irrationale Art die Welt anzuschauen, bewußt zu machen.

Die aristarchische Lehre von der Heliozentrik, der vierte Grundpfeiler unseres bisherigen Denkens, wurde desgleichen in Frage gestellt, aber die wenigsten haben davon überhaupt bisher Kenntnis genommen. Vergessen wir nicht, daß derart umwälzende Hinweise und Entdeckungen innerhalb der Generationen sehr lange Zeit brauchen, um sich durchzusetzen. Aristarch hatte ungefähr 300 v. Chr. die Heliozentrik gefunden, Pythagoras hatte sie schon vorher angedeutet. Platon und Aristoteles, alle jene, bis zu den Skeptikern wußten um sie; dann geriet sie in Vergessenheit. Es war Kopernikus, der sie 1507 wieder entdeckte, und zwar, wie er selber sagte, aufgrund alter Quellen. Und trotzdem ist, nachdem Kopernikus die ptolemäische Geozentrik als irrig erwiesen und anstelle ihrer die Heliozentrik gesetzt hatte, heute noch für viele eigentlich das geozentrische Weltbild vorherrschend. Für das Allgemein-Bewußtsein kam die Heliozentrik nämlich erst mit dem Naturalismus um 1850/60 zum Durchbruch, also erst nach 350 Jahren beziehungsweise in der zehnten Generation. Im Jahre 1918 machte dann Knud Lundemark die Entdeckung der sogenannten außergalaktischen Nebel- und Sternensysteme, jener also, die außerhalb unseres Milchstraßensystems gelegen sind. Was für Konsequenzen hat diese Entdeckung? Um es auf eine fast unzulässig einfache Art zu formulieren: Erst waren wir sehr glücklich, daß die Erde das Zentrum war, und dann wurden wir schon etwas beunruhigt, daß wir um die Sonne herumkreisten, und nun ist der Mittelpunkt, der dann durch die Heliozentrik wenigstens noch gegeben war, neuerlich in Frage gestellt. Wo ist da eigentlich noch ein Halt, wo gibt es da noch eine Mitte. Diese Entdeckung ist ein Auftrag an uns, etwas zu realisieren, etwas mit unserem inneren Weltgefühl in Übereinstimmung zu bringen und unser Leben zu gestalten, was zu verwirklichen gar nicht so leicht ist. Wir werden gezwungen, die Sicherheit, die wir während langer Zeit verloren hatten, wieder in uns selber zu entdecken und nicht in den rationalen Denkgerüsten und Vorstellungen, die wir vor uns aufbauten und die uns einen nur fragwürdigen Halt gegeben haben.

Ich habe im Verlaufe dieser Betrachtungen immer wieder auf die Lebensgestaltung hingewiesen und war dabei etwas inkonsequent, da ich die sachliche Darstellung der verschiedenen Strukturen sogleich auch in bezug zu unserem eigenen, persönlichen Leben zu bringen suchte. Wenn aber jemand sein Leben gestalten will, so muß er sich Rechenschaft davon ablegen, wer er ist, denn jeder einzelne von uns ist auf eine verschiedene Weise strukturiert. Der eine neigt mehr zum Musischen, zum Mythischen, der andere neigt fast ausschließlich (und diese sind beinahe, jedenfalls unter den Gebildeten, die Mehrzahl) zum rationalen Erfassen, wobei ich mit »rational« die defiziente Form des Mentalen bezeichne. Ratio kommt von teilen, Ratio bedeutet ja nicht nur Denken, Überlegen und Verstand, sondern vor allem »Teil«; das sagen schon die Begriffe: rationieren, rationalisieren, Ratenzahlung aus. Rationales oder rationalistisches Denken ist nicht mehr mentales Denken mit seinen vier verschiedenen Formen der Kausalität, wie sie noch die Scholastik gekannt hat, sondern ein einspuriges, finalgerichtetes Denken, das dann letztlich die Welt geteilt hat. Denn daß wir in einer geteilten Welt leben, wissen wir, und daß es diese Rationalisierung gibt, wissen wir auch. Dieses teilende Denken hat die Welt geteilt. Alles, was geschieht, wird gedanklich vorgeformt, bevor es Wirklichkeit wird. Was heute – Blake sagt es im Vorwort zur »Hölle« – nur eingebildet oder gedacht ist, morgen wird es Wirklichkeit sein. Das ist akzeptierbar, solange Denken nicht mit bloßem Wissen gleichgesetzt wird, denn dann wird das Denken zu einem bloßen Machtinstrument degradiert. Francis Bacon hat jenes unheilvolle Wort: »Wissen ist Macht« geprägt. Dieser Machtanspruch (und das gehört auch zur Lebensgestaltung) muß zumindest zurückgedämmt werden, denn er ist durchaus patriarchaler Natur. Gewisse Psychologen hoffen, wir würden dank des sich heute vollziehenden Umbruchs wieder in eine matriarchale Kultur zurückkehren. Träte dies ein, so würde das sich heute herauskristallisierende menschheitliche Bewußtsein bereits im Keim zum Tode verurteilt. Abgesehen davon ist und bleibt das matriarchale Element immer vorhanden; bei uns existiert es in einer negativen Form, denn wir huldigen zwar nicht mehr der »Mater«, wohl aber dem *Mater*ialismus. Das ist – leider – kein Wortspiel. Nur weil wir das so versteckt tun, können wir uns patriarchal geben.

Wenn wir die augenblickliche Weltsituation und die augenblicklich noch vorherrschende Tendenz zum Pragmatischen betrachten, so dürfte es jedem klar werden, daß wir mit der Haltung, die wir bisher eingenommen haben, nicht weiterkommen. Dagegen ist die Tatsache, daß die vier Hauptstützen unserer Denkweise erschüttert wurden, eines der zahlreichen Symptome, die uns darauf hinweisen, daß ein Umbruch, eine neue Mutation, die ins integrale Bewußtsein, stattfindet. Wir haben da, was unsere Lebensgestaltung anbetrifft, Glück, denn diese Mutation stellt an uns die Forderung, die das Leben von eh und je an uns gestellt hat: daß wir alles, was vorhanden und bewußtseinsmäßig erfaßbar ist, integrieren. Ein kleines Beispiel dafür hat uns vorhin die Kernphysik gegeben. Wenn ein mythischer Mensch »Sowohl-als-auch«

sagt, ist das ganz etwas anderes, als wenn ein Mensch, der das Mentale oder Rationale, das nur das »Entweder-Oder« kennt, überwunden hat, wieder fähig wird zu sagen, daß die Wirklichkeit außer der Entweder-Oder-Möglichkeit auch noch die Sowohl-als-auch-Struktur enthält und wir dank oder trotz unserer Logik fähig sind, das zu akzeptieren, ohne daß es in Widerspruch gerät zu dem aristotelischen Denken.

Die Forderungen der Welt und des Weltbewußtseins, die diese heute offensichtlich an jeden von uns stellen, sind nicht nur ein Hinweis, sondern der Schlüssel dafür, wie wir selber, jeder von uns, unser Leben so gestalten können, daß wir, weil wir sie zu erfüllen trachteten, sterben können in der Gewißheit, daß Sterben neue Geburt und der Tod kein Ende ist. Darauf kommt es doch letztlich an: daß wir, die wir schreiend und weinend geboren werden, als formulierungsbegabte und einsichtige menschliche Wesen lächelnd sterben können. Es gibt viele, die die Möglichkeiten, die das Leben uns gibt – wahrscheinlich leben wir nur deshalb –, versäumen, diesen unendlichen Reichtum, der, je älter wir werden, immer reicher wird, so daß wir es erlernen, von uns selber absehen zu können. Magisch gesehen sind wir ichlos, mythisch gesehen sind wir wirhaft, mental gesehen ichhaft. Diese Ichhaftigkeit führte aber rational gesehen zur Ego-Hypothrophie, zur Ich-Überbetonung; und damit zur Isolation, zu jener Beziehungslosigkeit, der wir heute überall begegnen. Die nicht mehr christliche Art, mit dem Menschen als Mitmenschen umzugehen, nennt man dann eine Notwendigkeit des Existenzkampfes, aber man kann sie auch als egoistischen Versuch der Erhaltung des Wohlstandes bezeichnen. Wohin führt es? Der Weg des Menschen sollte von der Ichlosigkeit über die Ichhaftigkeit zur Ichfreiheit führen. Es gibt ichlose Momente im Leben, es gibt ichhafte; unser Versuch sollte es sein, wenn wir es uns selber überlegen, was und wie wir sind, ichfrei zu werden. Das will besagen: frei sowohl von Ichlosigkeit als auch von

Ichhaftigkeit, oder besser noch: so frei, daß wir über sie je nach Bedarf und Umständen, die es erfordern, ichlos oder wirhaft oder ichhaft, bewußt verfügen können. Es kommt nicht darauf an, daß wir glauben, wir müßten die Welt in Ordnung bringen dadurch, daß wir sie und die Menschen manipulieren. Zu allererst müssen wir uns selber in Ordnung bringen, in die Ordnung, die größer ist als wir. Und ich glaube, wenn wir versuchten, diese Souveränität über uns selbst zu gewinnen, dann könnten wir das vollbringen, was die Weltsituation und das Weltbewußtsein von uns fordern; daß wir nämlich mit unserer Arbeit an uns selber, durch die Integration all dessen, was uns konstituiert, einen Beitrag an die Erhaltung der Welt und der Menschheit leisten. Denn wenn das nicht gelingen sollte, so liegt es nicht an den Umständen, sondern an dem Versagen derer, welche die Überwachheit des neuen, integralen Bewußtseins und damit die Ichfreiheit nicht realisierten. Ohne diese Lebensgestaltung wird das neue Bild vom Menschen ein Wunschtraum bleiben, der dann kein Erwachen kennen wird, weil ohne sie Welt und Menschheit zum Tode verurteilt sind.

Wie lebt der Mensch?

»Wie lebt der Mensch?« – wie einfach klingt diese Frage. Wer sie aber stellt, rührt an tiefste Wurzeln: an die des Lebens und an die des Menschen. Auf diese Frage nach dem Leben und dem Menschen gibt es letztlich keine den Verstand befriedigende Antwort. Eine Antwort gibt es höchstens auf das Wie. Und dieses Wie – wer, so er aufrichtig ist, sähe es nicht ohne eine gewisse Beunruhigung an? Denn diese Frage: »Wie lebt der Mensch?«, ruft bei der europäischen Ichbezogenheit unseres Denkens sogleich nach der parallelen Frage: »Wie lebe ich?« Gerade das ist zuerst einmal bei dieser Fragestellung weniger wichtig als wir glauben denken zu dürfen. Richtiger, gemäßer wäre es, es stellte sich die Frage ein: »Wie lebe ich als Mensch?« Das ist keineswegs eine unnötige Nuancierung. Ohne daß wir es wissen, ist die Frage: »Wie lebe ich?«, je nachdem, ob ich Frau oder Mann bin, bereits einseitig betont. Aber nicht nach mir, auch nicht nach Mann oder Frau wird hier gefragt, sondern nach dem großen Rätsel Mensch und nach dem zumindest gleich großen Rätsel des Lebens, das er führt. Letztlich ist es eine Frage nach der Menschheit, im allerletzten Sinne einer Frage nach Herkunft und Bestimmung des einzelnen Menschen. Vielartig kann die Antwort sein, weil das Wie, nach dem gefragt wird, bereits im Nachbardorf ein anderes sein kann. Wieviel mehr aber ist dies der Fall, wenn wir an die Nachbarvölker denken oder an die benachbarten Kontinente. Von vielen Völkern zu hören, viele Arten dessen kennenzulernen, wie der Mensch leben kann, vielen Lebensweisen, vielen Weisen, Mensch zu sein zu begegnen, das ist ein großes Geschenk. Wenn wir es zu nutzen wissen, ist es eine Bereicherung ohnegleichen, denn an der Andersartigkeit können wir vergleichend uns selber kennenlernen, unsere Grenzen, unsere Schwächen, unsere Aufgaben. Können lernen, Ehrfurcht zu gewinnen vor dem Wunder, das Leben und Mensch sind, in welcher Form auch immer sie sich uns darstellen mögen, seien es selbst die befremdendsten Formen. Denn eines sollten wir nie vergessen: Wie auch immer ein anderer Mensch lebt, so fremdartig es uns auch erscheinen mag, überall wird das Leben gelebt, bestanden, wird durchgeschmerzt, durchgefreut, wird erlitten, erkämpft, wird hingenommen, gestaltet, wird verspielt und gewonnen. Wie das geschieht? Immer anders, aber doch, wenn wir tiefer zu blicken wagen, hoffend, es möge uns dieser Tiefblick gelingen aus einer Grundmelodie heraus, deren Herkunft wir freilich nur ahnen können. Aber wir kennen diese Grundmelodie, wissen, daß wir sie singen, wissen, daß wir selber von ihr gesungen werden. Und ob wir am Nordpol sind, am Äquator oder am Südpol, ob wir in Europa sind oder in Asien – überall klingt sie uns plötzlich entgegen in jenen reinen Äußerungen der Menschlichkeit und des Menschseins, die uns stets unmittelbar ansprechen: Da hält eine Mutter ihr Kind, da ist das leise Lächeln des Mädchens, in dem das Glück der Liebe wohnt, da ist die geringe Geste der Schulter eines Menschen, der Abschied nahm, da ist der ruhige Gang dessen, der eben gebetet hat. Wir denken an diese, die Menschheit verbindenden Grundgemeinsamkeiten, die ersichtlich machen, daß dort, wo es sich um unser echtestes Menschsein handelt, das Wie, die Art also, in der es sich darstellt und darlebt, immer die gleiche ist. Daneben aber trifft man auf eine derartige Fülle, ja auf eine derartige Vielartigkeit der Lebensweisen, die verwirren könnten, handelte es sich bei dieser Vielfalt nicht um den ganz natürlichen Sachverhalt, daß die Natur, und somit auch die menschliche Natur, fast unerschöpflich ist.

Wenn wir uns eine große Reise vorstellen, die große Weltreise um die Erde, wenn wir an die vielen Arten denken, in denen der Mensch das Leben besteht, dann müssen wir, um nicht von vornherein desorientiert zu sein, uns über uns selber wenigstens insoweit klar sein, daß wir wissen, welche Stellung wir als Europäer innerhalb der Menschheit einnehmen. Denn zurechtfinden kann man sich nur, wenn man wenigstens den eigenen Standort kennt. In unserem Falle ist dieser Standort die uns eigene, besondere Art, die Wirklichkeit zu sehen, denn die Art und Weise, wie ein Mensch oder eine Gruppe von Menschen lebt, hängt weitgehend davon ab, was ihre Wirklichkeit ausmacht. Wir können also das Wie nur verstehen, wenn wir uns von der jeweiligen Wirklichkeit, durch die dieses Wie bedingt ist, Rechenschaft ablegen. Und es kommt noch etwas hinzu, das nicht unwichtig ist. Die Wirklichkeit, die der einzelne Mensch oder aber auch eine Gruppe von Menschen sieht, ist nun ihrerseits bedingt durch die Art ihres Bewußtseins. An einem Beispiel können wir uns klarmachen, was damit gemeint ist. Ein Kind sieht die Welt anders als ein Erwachsener. Es lebt in einer anderen Wirklichkeit als der Erwachsene. Sein Bewußtsein ist noch nicht zur Tageshelligkeit erwacht. Die Frage: »Wie lebt der Mensch?« ist auf das engste gekoppelt mit der Art, wie er zufolge seines mehr oder weniger wachen Bewußtseins die Welt wahrnimmt, die für ihn Wirklichkeit ist. Da Wirklichkeit mit Wirken zusammenhängt und da für uns vor allem das wirklich ist, was uns als bedeutsam erscheint, so ist es nichts als selbstverständlich, daß das Wie, die Art und Weise, wie wir leben, davon abhängt, was wir zufolge unseres Bewußtseins als Wirklichkeit und damit als für uns bedeutsam ansehen. Das Leben des östlichen Menschen, sagen wir des Inders, bleibt für uns unverständlich, wenn wir uns nicht darüber im klaren sind, daß die Welt der Dinge und Geschehnisse, die für uns den größten Teil der Wirklichkeit ausmachen, für ihn, den Inder, Maya sind: eine Scheinwirklichkeit, welcher er keinen echten Realitäts-Charakter und damit letztlich keine

Bedeutung zuspricht. Wir können zwar ob einer solchen Einstellung den Kopf schütteln, können sie als närrisch oder ungereimt bezeichnen. Solches aber zu tun, steht uns nicht an. Ja, wir machten uns lächerlich, würden wir es tun, denn wie auch immer diese indische Haltung erscheinen mag, so steht doch etwas Wichtiges außer Frage: daß der Inder mit dieser uns unwirklich scheinenden Wirklichkeitsauffassung auf seine Art zu leben vermag. Aber wir brauchen gar nicht so weit zu reisen, um auf Lebensweisen zu stoßen, die uns zuerst einmal rätselhaft erscheinen. Wir können, um auf sie zu treffen, auch in Europa bleiben. Die Art wie der Sizilianer oder der Südspanier lebt, mutet uns, begegnen wir ihnen zum ersten Male, gewiß sonderbar an.

Woher kommen nun diese Unterschiede? Wer sehr hiesig denkt, wird sie auf das verschiedene Klima, die andersartige Landschaft, das anders gelagerte soziale Gefüge und ähnliche Umstände zurückführen. Wer weniger materialistisch, sondern, wie man so sagt, mehr idealistisch denkt, wird den Grund für diese Unterschiede in der verschiedenen Tradition, der anderen Religion und Ähnlichem suchen. Es ist gewiß, daß diese Umstände oder Dinge auch eine Rolle spielen. Aber es ist nicht zu viel behauptet, wenn wir sagen, daß sie nur von zweitrangiger Bedeutung sind. Ausschlaggebend für die Art, wie Menschen leben, ist die Struktur ihres Bewußtseins. Sehen wir uns bei uns selber um, inwieweit dies zutrifft.

Wir kennen alle die Redensart: »Ach, wissen Sie, der X ist ja ein netter Mensch, aber er lebt so in den Tag hinein«, womit noch kein Werturteil über ihn abgegeben ist, aber das Wie, nämlich seine Art zu leben, gekennzeichnet sein soll. Oder jene andere Formulierung, der wir begegnen, wenn von einem Menschen, einem Erwachsenen, der vielleicht Schweres durchzumachen hatte oder eine Enttäuschung erfuhr, gesagt wird: »Ja, sehen Sie, er konnte einem ja leid tun; aber er ist doch wenigstens jetzt aufgewacht.«

Was haben diese Beispiele aus unserem Lebensbereich mit der Lebensart all der Völker zu tun, an die wir hier denken? Um dies ersichtlich zu machen, müssen wir einige Überlegungen anstellen. Denn da wir Europäer sind, fragen wir ja stets nach dem Warum. Auch nach dem Warum eines Wie. Wir sind nicht einfach nur neugierig oder wißbegierig, denn dann würden wir uns auf das Was und Wie beschränken. Wir bemühen uns ja stets auch um das Warum. Wir wollen nicht bloß etwas kennen, sondern wollen erkennen. Schon unsere Kinder fragen uns: »Warum?« Eine Frage, die nachgewiesenermaßen einem indischen oder chinesischen Kinde kaum über die Lippen kommt. Denn der östliche Mensch ruht noch, weitgehend fraglos, in der Welt und in ihren Hintergünden. Und Asien ragt, wir wollen das nicht vergessen, im Süden über die orientalische Welt und über Südspanien und Sizilien bis nach Europa herein und ist uns im Osten benachbart. Während nun aber der östliche Mensch noch in der Welt fragloser gründet, suchen wir unsererseits die Welt zu ergründen. Dementsprechend leben wir auch anders als der östliche Mensch. Und – ganz europäisch – fragen wir uns sogleich, warum das so ist. Wir glauben es sogar zu wissen. Und davon zu berichten, das ist eigentlich ein ziemlich aufregendes Unterfangen. Versuchen wir gemeinsam diesem Warum auf die Spur zu kommen und wagen wir einen Vergleich zwischen dem östlichen und dem abendländischen Menschen. Wir könnten uns zwar auf einen Vergleich zwischen Nordeuropäern und Südeuropäern beschränken. Aber was diese verbindet, ist doch noch stärker als das, was sie trennt. Offensichtlicher wird der Wesensunterschied, wenn wir uns an den Vergleich zwischen Asien und Europa heranwagen. Und dazu müssen wir uns – es wurde von dieser Notwendigkeit ja bereits gesprochen – über unseren eigenen Standort, über unsere eigene Art der Wirklichkeitserfassung klarzuwerden versuchen. Welches sind die Charakteristika, die uns und damit unsere Art zu leben auszeichnen?

Die wichtigsten dieser Charakteristika sind, daß wir über ein Ichbewußtsein verfügen; zweitens: daß zufolge dieses deutlichen Ichbewußtseins die Welt für uns ein Gegenüber ist, da dem einzelnen Ich als Subjekt ein Objekt, die Welt gegenübersteht. Diese Objektbezogenheit des westlichen Menschen brachte dreierlei Folgen mit sich, die ihn des weiteren charakterisieren: Erstens, daß für ihn die Welt räumlich erfaßbar wurde, denn das Gegenüber vollzieht sich immer im räumlichen Bereich; zweitens, daß er es lernte, über dieses räumliche Gegenüber zu verfügen; wozu, drittens, etwas nötig war, das bisher nur der Europäer zu leisten vermochte, daß er die Zeit meßbar machte, zum Raum in Beziehung setzte, sie räumlichte. Das klingt vielleicht alles sehr abstrakt, ist es aber durchaus nicht. Jede beispielsweise industrielle Arbeit bedarf einer Planung, die genauestens mit den räumlichen und mit den zeitlichen Faktoren umzugehen weiß, die über den Raum und die Zeit verfügt, über beide disponieren kann.
Also Ichbewußtsein, Wissen um die Welt als Objekt und Beherrschung der Uhrenzeit – das sind unter manch anderen die Charakteristika des westlichen Menschen. Nicht so die des östlichen. Der östliche Mensch verneint das Ich, lehnt es ab, empfindet es als die größte Fessel, die es ihm unmöglich macht, in jenen Welthintergrund zurückzutauchen, aus dem er hervorgegangen ist. Er kennt kein Ich, jedenfalls will er, zumindest im Buddhismus, kein personales, individuelles Ich kennen. Dagegen lebt er noch tief im kollektiven Sippen-Ich, im Klan, im Familienverband. Er ist Mensch nicht in Hinsicht auf sich selbst, sondern nur in Hinsicht auf seine Sippe oder Klasse. Denken wir an die Sippen- und Stammeskämpfe, wie sie noch heutigentages im vorderen Orient, in den arabischen Ländern, aber auch in Form der Blut- und Familienrache auf Sizilien ausgetragen werden. Der östliche Mensch steht mithin der Welt auch nicht als einzelner gegenüber. Seine Welt ist nicht die objektive Dingwelt, sondern der Klan. Er ist immer in dieser Welt, in sie

hineingewoben, hineingeflochten, in sie eingebettet, eingeordnet in den Ablauf der Generationen, ist immer rückwärtsblickend auf die Ahnen, die ihm Bindeglied zur Vergangenheit sind, die ihn auch leiblich ungezählte Generationen hindurch mit dem Welthintergrund verbinden. Während wir die Zeit zu beherrschen glauben und dennoch nie Zeit haben, hat der Asiate noch keine Zeit. Er ist nicht wie wir zukunftsgerichtet. Das Christentum kennt den Kult des Kindes; aber jedes Kind ist Ausdruck des Zukünftigen.

Der östliche Mensch lebt noch vorwiegend in der mythischen Bewußtseinsstruktur, der westliche Mensch dagegen vorwiegend in der mentalen, das heißt in der verstandesmäßig betonten Bewußtseins-Struktur. Wenn wir diesen ungemein wichtigen Tatbestand realisieren – und das können wir ja nur, wenn wir ihm Namen geben und ihn bezeichnen –, dann vermögen wir vieles zu verstehen, was uns, sehen wir uns die Äußerungen der anderen Völker an, eher befremdlich oder doch zumindest unverständlich erscheinen muß. Nehmen wir als Beispiel einer unverständlichen Einstellung jene bereits erwähnte des Inders, der die Welt als Maya betrachtet, als Schein, oder besser, als Bild, als Symbol für das unsichtbare, gottheitlich Ganze, dem er sich zugehöriger fühlt als der hiesig sichtbaren Welt. Wenn wir wissen, daß ihm, da er kein individuelles subjektives Ich hat, noch zuläßt, die Welt demzufolge auch keine objektive, räumliche Realität sein kann, die ihm gegenübersteht, so wird uns diese Einstellung verständlich. Es ist seine Art des Bewußtseins, die seine Wirklichkeit prägt und aus der Lebensformen hervorgehen, die uns auf den ersten Blick befremden müssen.

Hier auszuführen, wie diese Unterschiede der Bewußtseinsstrukturen zustande gekommen sind, würde uns von unserem Thema abbringen. Es sei nur kurz darauf hingewiesen, daß die germanische Welt bis zum Einbruch des Christentums desgleichen in dieser mythischen

Bewußtseinsstruktur lebte. Und da wir ja erbmäßig auch dem mediterranen Element verbunden sind, ist es nicht unwichtig, darauf hinzuweisen, daß noch die frühen Griechen des Altertums in ihr beheimatet waren. Der große Durchbruch aus der mythischen Bewußtseinsstruktur in die mentale, welche die unsere ist, vollzog sich um 500 vor Christus. Für uns wurde er von den Griechen geleistet, von den Ioniern, den Vorsokratikern und dann von Sokrates und Plato. Auch der Orient hat diesen Durchbruch kennengelernt. Zarathustra und Konfuzius sind nur zwei Namen für dieses Ereignis. Aber – und das ist das Entscheidende – dieser Durchbruch führte nur in Europa, gefördert vor allem durch die Erstarkung des Ichbewußtseins, die das Christentum mit sich brachte, zu einer völligen Umgestaltung dessen, wie der Mensch leben kann. In Asien blieb dieser Duchbruch zunächst ein Ansatz und wird erst heute, mit zweiundeinhalbtausendjähriger Verspätung oder Verzögerung, sei es nachgeholt, sei es übersprungen.

Je mehr wir aus unseren zentraleuropäischen Ländern heraustretend süd-, ost- oder westwärts gehen, desto stärker stoßen wir auf andere Formen, in denen der Mensch lebt. Und viele dieser Formen sind nicht durch unser mentales Bewußtsein geprägt, sondern durch das mehr mythische Bewußtsein, dem weder das Ich, weder das Gegenüber noch die Uhrenwelt Realitäten sind.

Es mag scheinen, dies sei schwer vorstellbar. Aber wenn wir so denken, dann vergessen wir einen sehr wichtigen Umstand: daß nämlich wesentliche Reste, positivste Reste des mythischen Bewußtseins auch in uns nicht nur vorhanden sind, sondern wirken. Ja, mehr als das: Wären sie nicht vorhanden, wären wir nicht lebensfähig. Ein gutes Beispiel dafür sind jene unter uns, die vorgeben oder es versuchen, nur durch und mittels des Verstandes, also nur aus dem mentalen Bewußtsein heraus zu leben. Freilich: Sie leben, aber fragen wir besser nicht: wie. Diese Rationalisten, denen alles zu einem Rechenexempel wurde, kommen einem manchmal, was ihr Wie betrifft, nicht mehr wie Menschen, sondern wie bloße Computergehirne vor. Das freilich ist gefährlich. Nicht nur für sie, sondern auch für die anderen. Sie gingen einer wesentlichen Erkenntnis verlustig: daß der Mensch vielgeschichtet ist, daß er alle Schichten seines Wesens leben muß, wenn er sich nicht von den echten Lebensbezügen abschneiden will.

»Wie lebt der Mensch?«: Wie auch immer er lebt, so wollen wir daran denken, daß er auch gelebt wird, von einer Instanz oder einer Kraft, für die es viele Namen gibt. Und wir wollen vor allem an eines denken: daran nämlich, daß, wie auch immer der Mensch lebt, er, ob er es nun weiß oder nicht, einem inneren Auftrag folgt, der über ihn hinausweist.

Höhle und Labyrinth

Wenn wir von Höhle und Labyrinth sprechen, so wollen wir uns darüber klar sein, daß zumindest die Höhle eine Urgegebenheit ist. Jene Urgegebenheit, welche eine Ursehnsucht des Menschen stillt: die Sehnsucht nach Geborgenheit. Das heutige Interesse für alles, was mit der Höhle zusammenhängt, ja die Faszination, die Verzauberung, die sie ausstrahlt, ist in unserer heutigen Welt, die dem einzelnen nur noch wenig Geborgenheit gewährt, sehr verständlich. Derer, die in sich selber geborgen sind, sind wenige. So müssen viele die Geborgenheit irgendwo suchen. Und da bietet sich das Bild der Höhle als bester Zufluchtsort an. Doch das hat seine Gefahren. Nicht nur, daß das Geheimnisvolle ins Unheimliche umschlagen kann. Dann wird aus der Höhle die Hölle, diese beiden Wörter sind ja nicht zufällig auf das allerengste miteinander verwandt. Vielmehr hat es seine Gefahren insofern, als diese Form der erträumten Geborgenheit zugleich den Verzicht auf Bewußtheit in sich schließt. Die Abwesenheit des Lichtes in der Dunkelheit der Höhle ist zugleich Abwesenheit des lichten, hellen Bewußtseins und Abwesenheit der Zeit, welche sich durch den nicht stattfindenden Wechsel von Tag und Nacht konstelliert. In die Höhle zurückzugehen, und sei es auch nur in Gedanken, das ist Rückzug aus dem Leben in die Ungeborenheit, in die Unbewußtheit, in die Zeitlosigkeit – in einen Zustand also, der nur deshalb Geborgenheit zu sein scheint, weil er uns den Ansprüchen des Geborenseins, des Bewußtseins und der Zeit enthebt. Dieser Zustand ist zugleich das Geheimnis, denn wir wissen ja nicht mehr, was und wer wir waren, als wir noch Ungeborene waren. Die Höhlenforscher, sie suchen alle letztlich dieses Geheimnis, das von uns aus gesehen hinter uns liegt und doch ein ewiges ist. Ein jeder dieser Forscher gibt der Suche nach diesem Geheimnis einen anderen Namen und Vorwand. Die einen suchen den Höhlenbären, andere geologische Schichtungen der Mutter Erde, andere einen Schatz, die echtesten unter ihnen alte Kultstätten, wie sie vor einigen Jahren in den Pyrenäen-Höhlen der Albigenser entdeckt wurden. Aber schon jene Höhlen, die Kultstätten waren, haben eine andere Bedeutung als die eigentliche Urhöhle, sei diese nun Höhle oder Mutterleib. Denn dort, wo ein Kult stattfindet, besonders wenn es sich dabei um junge Kulte, wie jene der mittelalterlich-gnostischen Albigenser handelt, hellen bereits durch brennende Kerzen die Dunkelheit und Unbewußtheit des Höhlenheiligtumes auf. Immer aber bleiben diese Kulte letztlich mutterbezügliche Kulte. Denn die Höhle ist ein mütterlicher, matriarchalischer Weltaspekt. Sie ist nächtig, in ihr herrscht die Nacht. Nicht zufällig bergen drei weltbekannte Krypten eine schwarze Maria: die der Kathedrale von Chartres, die Kirche auf dem Montserrat und jene in Saintes-Maries-de-la-Mer in der Camargue Südfrankreichs, in welcher die Zigeuner ihre Sarah, ihre schwarze Madonna, verehren. Sie ist das Gegenbild, die Nachtseite der himmlischen Maria, welche der dunklen gegenüber im goldenen Strahlenkranz der Glorie und Verklärtheit lebt. So wie wir jede Nacht in den Schlaf und damit in einen Zustand, der sich von Zeit und Bewußtheit entfernt, zurückkehren, so lebt in jedem Menschen die Sehnsucht nach dem geborgenen Umfriedetsein der schützenden Höhle. Diese Sehnsucht ist ein Urphänomen, dem die Urgegebenheit des mütterlichen Weltaspektes der Höhle entspricht. Aber wer diese Sehnsucht wirklich zu realisieren versucht, der geht, weil er nun einmal geboren wurde, dem Leben verloren. So wie die indischen Heiligen, die sich in die Höhlen des Himalaja zurückziehen, so wie der Buddha, der sich in die Höhle zurückzog. Das ist der östliche Weg des Verzichtes, der Weltentsagung, die konsequenteste Form des Versu-

ches, das Leben rückgängig zu machen und bei dem tiefsten Geheimnis unserer Herkunft Einkehr zu halten.
Demgegenüber bezeichnet das Labyrinth, dessen Urform die Spirale ist, bereits einen anderen, zugleich wacheren Weltaspekt. Ist die Höhle Geborgenheit, Ruhe und Gefahrlosigkeit, so ist das Labyrinth Ausdruck des Suchens, der Bewegung und der Gefahr. Wenn Rainer Maria Rilke in seinem Gedicht »An den Engel« schreibt:

Unser ist: den Ausgang nicht zu wissen
aus dem drinnen irrlichen Bezirk,

so verrät er damit seine magische Gebanntheit an die Höhlen- und Mutterwelt, die er, ein Mann, in sich selber, im »drinnen irrlichen Bezirk« wiederentdeckt. Wer so denkt, vergaß, daß er einmal geboren wurde; oder er will es vergessen.
Ganz anders jener, der das Labyrinth durchschritt und heil dem Tage zurückgegeben wurde. Denken Sie an das Ariadne-Mythologem. Ariadne, die Königstochter von Kreta, gab dem Theseus, der im Layrinth dem Minotaurus geopfert werden sollte, einen Faden mit auf den Weg, der es ihm ermöglichte, nach der Tötung des Minotaurus den Weg zurückzufinden. Dieser Faden ist auch das Symbol der Bewußtheit, Ausdruck dafür, daß das, was Theseus mit der Tagwelt verbindet, das Bewußtsein, ihm auch in der Nachtwelt des Labyrinthes nicht verlorengeht. Jeder von uns kennt auf seine Art die Irrwege, die für sein Schicksal und seine Lebensgestaltung entscheidend waren, was zeigt, daß sie zum bewußten Gestalten führten. Die Irrgärten, diese letzte Sichtbarwerdung des ursprünglichen Labyrinthes, mit dem sich das Bild des Sterbens und Wiedergeborenwerdens verbindet, sind in keinem Menschen je ganz zur Ruhe gekommen. Der Irrgarten, das Labyrinth ist gewissermaßen das Gegenbild zur Ursehnsucht nach der Höhle, er ist das Bild der anderen Ursehnsucht, der nach größerer Bewußtheit, und

ist immer der Ausdruck einer Möglichkeit des Weiterkommens, nicht aber der Rückkehr ins Unbewußte und Zeitlose. Denn wenn die Höhle dunkel ist, so ist das Labyrinth bereits zwielichtig. Ist die Höhle Ausdruck der Bewußtseinsferne, der Unbewußtheit, so ist das Labyrinth Weg, ein verwirrlicher Weg zwar, aber doch der Weg in die Helligkeit und Klarheit, also in die Bewußtheit. Immer von neuem müssen wir diesen Weg gehen und der anderen Sehnsucht wehren, die uns zurück- und hinabziehen will in die nie wieder erlangbare Unbewußtheit. Lassen wir es dafür mit dem Schlafe Genüge sein. Versuchen wir es immer von neuem, auch wenn uns das verlorene Geheimnis lockt und trotz des manchmaligen Gefühles der Ungeborgenheit in dieser Welt, den Weg zunehmender Wachheit zu gehen. Gewiß, er ist beschwerlich. Für den Europäer aber ist er, falls wir uns nicht selber verleugnen und aufgeben wollen, der einzige Weg. Der eine wird ihn dank seines Glaubens an Gott gehen können, ein anderer, weil er sich im Einklang mit der Welt weiß, nicht mit dieser wirren, hastigen Welt unserer Tage, wohl aber mit den Kräften, die auch diese Welt wie so manche andere erhält. Dann wird er vielleicht auch das verlorene Geheimnis wiederfinden – allerdings dort, wo er es nicht suchte. Denn das Geheimnis wohnt ja nicht nur im Dunkeln, sondern überall und so auch in der äußersten Klarheit.

Höhle und Labyrinth bleiben für uns, auch für uns Abendländer, kultur- und geistesgeschichtlich betrachtet, deshalb von sowohl lebendiger als auch seelischer Bedeutung, weil sie Urgegebenheiten der Welt und Ursehnsüchten unserer selbst entsprechen. Aber vergessen wir nicht, daß Christus aus der Grabkammer, aus der Höhle gen Himmel aufgefahren ist. Vergessen wir nicht, daß es diese Auferstehung aus der Höhle gibt. Zwar hütet die Höhle ihr verborgenes Geheimnis. Das größere aber, das auch dieses Höhlengeheimnis durchsichtig macht, ist das offenbare Geheimnis der Verklärung.

Asien und Europa

Europa und Asien während des letzten Zeitalters

Die Wege Europas und Asiens haben sich seit dem großen Geschehnis um 500 v. Chr. vornehmlich dadurch voneinander unterschieden, daß wir im Abendland die Herauslösung aus der mythischen Bewußtheit auf sehr viel radikalere Weise als Asien vollzogen haben. Obwohl die patriarchalen Ansätze, die philosophierende Form der Zwiesprache (des Dialoges), die ersten Versuche, das mythische Bilddenken durch Begriffssetzungen und logisches Folgern zu überwinden, in West wie in Ost die gleichen waren, sind die Ausgestaltungen sehr verschiedenartig gewesen. Sie hatten das zur Folge, was wir als die Trennung der Wege zu beschreiben versucht haben:

Asien hat sich nicht in dem Maße wie wir von dem *Irrationalen* losgesagt; es blieb ihm sehr viel stärker verhaftet.

Das *Schicksal* ist noch heute für Asien weitgehend die Herrscherin, es wurde für den Osten nicht, wie es bei uns schon Hesiod bejahte, zur Dienerin; dementsprechend blieben auch die matriarchalen, *mutterrechtlichen Formen* in Asien neben den brahmanistisch, konfuzianistisch und schintoistisch partriarchalen bestehen.

Der *Kreislauf* des Geschehens wurde nicht wie bei uns durch die gerade Gerichtetheit und Zielhaftigkeit des eigenen Handelns durchbrochen.

Die *Denkform* blieb von dem kreisenden, dem stets wieder in seinen Ausgangspunkt zurückkehrenden Denken bestimmt, während wir das logisch kausale Denken entwickelten, das geradlinig und konsequent auf ein Ziel hinstrebt und das klare Definieren und Unterscheiden dank der Begriffsbildung zur Grundlage hat.

Der *Sippengeist* blieb in Asien vorherrschend, das Ich, dessen Möglichkeit für uns erstmals bei Homer und der Sappho aufklang, ruhte weiterhin und nur sehr langsam erwachend im Schoße des östlichen Sippenverbandes.
Die größere Nähe zu den kosmischen Gesetzen bewahrte dafür dem Asiaten jene *Weisheit*, die sich bei uns weitgehend, infolge der Herauslösung aus dem Kreislauf, in bloßes Wissen verwandelte und darin gänzlich zugrunde gegangen wäre, hätte uns das Christentum nicht eine neue Anknüpfung an die alten Weisheitsquellen vermittelt.
Ihm haben wir auch das restlose *Erwachen zum Ich* zu verdanken, und damit das menschlich beglückendste Geschenk: das Du.
Auch die endgültige Ausformung unserer neuartigen Einschätzung der Zeit, welche zu einer auf das »Jüngste Gericht« hin *gerichteten Zeit* wurde, entspricht christlichen Vorstellungen, während Asien der Zeitlosigkeit des »Rades der Wiedergeburt« treu blieb.
Unser Sprung aus dem Magisch-Mythischen ins Mentale war entschiedener als der Asiens. Bereits eine Generation nach Platon folgte ihm sein Schüler Aristoteles, der die Grundlagen für die spätere Verwandlung des Mentalen ins bloß Rationale legte, indem er die mentale Methode verschärfte. Auf Mahavira dagegen folgte erst im achten Jahrhundert n. Chr. ein Shankara, der eine mental-logische Wendung im Hinduismus herbeizuführen trachtete, aber den Hinduismus doch nicht vor dem endgültigen Abgleiten in religiös-abergläubische Zerrformen zu bewahren vermochte, die heute die breiten Volksschichten beherrschen, während nur die erlauchtesten Geister Indiens, wie beispielsweise der geistig konservative, große Heilige Sri Ramana Maharshi, Anhänger der Shankara-Schule blieben. Zwar erreichte die Lehre des Buddha eine überaus strenge, hochdisziplinierte Ausformung, besonders im vierten bis sechsten Jahrundert n. Chr., in der sogenannten Guptazeit, wurde aber zugleich in Hin-

terindien, in China und in Japan umgeschmolzen und in Indien allmählich durch den Hinduismus verdrängt. Die großen Mystiker Asiens, die Yogis, Gurus und Heiligen, werden allerdings heute noch, zumal in Indien, von den breiten Volksschichten verehrt, was in diesem Maße, hinsichtlich unserer Heiligen und Weisen, bei uns kaum mehr der Fall ist. Noch heute macht der Asiate aus seiner magischen und mythischen Bewußtseinsstruktur heraus keine Unterschiede hinsichtlich Diesseits und Jenseits. Das war im frühen Mittelalter des Kathedralenbaues und der Goldgrundmalerei bei uns nicht anders. Und was den Aberglauben und die Grausamkeit anbetrifft, die wir so gern dem Asiaten zum Vorwurf machen: In dieser Hinsicht stehen wir ihm nur wenig nach, in diesen Bereichen trennten sich die Wege weniger offensichtlich. Die entscheidende Trennung aber, vorbereitet durch die Renaissance, vollzog sich erst in dem Moment, da wir das Mentale ins Rationale überspitzten, da wir, seit der Aufklärung, immer diesseitiger wurden; da wir an Stelle der reifenden Entfaltung den willens- und zielbetonten Fortschrittsgedanken setzten; da wir das Religiöse säkularisierten, also verweltlichten, und die Technisierung und Industrialisierung einleiteten. Dieser Weg war unser Schicksal, von dem wir wohl zu Recht behaupten, daß er zumindest weitgehend ein Schicksal war, das wir mitgestaltet haben. Das ergänzende Geschehen vollzog sich in Asien: Dort blieb das Schicksal, was es auch uns bis Hesiod gewesen ist: die Herrscherin; nur sie, diese Herrscherin, das Schicksal blieb wichtig; diese Abhängigkeit aber trachtet Asien heute durch den »Sprung nach vorn« zu überwinden – ein Sprung, der übrigens eine Gegenbewegung zu der bisherigen Neigung Asiens darstellt, das Leben als ungeschehen zu entwerten und die Zuflucht durch das Zurücktauchen ins zeitlose Zeitenmeer zu suchen. Dies gilt vor allem für den Hinduismus, sehr viel weniger für den Buddhismus, der unter »Nirwana« nicht einfach das zeitlose »Nichts« oder das Aufgelöstsein im

ununterschiedenen Zeitenmeer (wie der Hinduismus) versteht, sondern für den »Nirvana« sowohl »Leere« als auch »Fülle« bedeutet. Dies übrigens durchaus im Sinne des vor-homerischen, jedenfalls noch vor-platonischen πλοῦτος (plutos), welches Wort eigentlich erst durch Aristoteles und dann durch den Apostel Paulus in dualistischer Schärfe aus der keineswegs etwa zweideutigen, sondern symbolhaften, also das polare Element enthaltenden Inhaltsumschreibung eines Grundphänomens in die einseitige Begrenzung des fixierenden Begriffes »die Fülle, der Reichtum« transponiert worden ist*. Vielleicht – eine Vermutung – hängt diese griechische Sinnbegrenzung und Begriffsbildung mit dem anlautenden Doppelkonsonant von »plutos« zusammen, dem explosiven »pl« (den selbst dies Wort »ex-plosiv« birgt), der aber vor allem die Namen einiger der größten Erneuerer des abendländischen Denkens auszeichnet: Platon, Plutarch, Plotin und dann, ein Äon später: Planck. Vielleicht, daß andererseits das negierende N des Wortes »Nirvana« den Hintergrund für die spätere Akzentuierung seiner negativ erscheinenden Inhaltsumschreibung gebildet hat; aber auch dies ist natürlich nur eine Vermutung, die jedem einigermaßen etymologisch Geschulten, der zudem um den Einzelwert und die Aussagekraft der Konsonanten einigermaßen Bescheid weiß, kommen kann.
Was diese wohl spätere, im Wort »Nirvana« sich abzeichnende Lebensabkehr des Asiaten anbetrifft, so ist es einzig der chinesische Chan-(Tschan-)Buddhismus, der dann auch in seiner japanischen Ausformung als Zen-Buddhismus keineswegs diese Abwendung vom Leben, sondern tätige Auseinandersetzung mit des Lebens Mißhelligkeiten, Peinen und Leiden sowie Dankbarkeit für den Abglanz der uns im Hiesigen überragenden Schön-

* Siehe zu der Umbildung dieses Wortes, zu seiner Herauslösung aus dem mythischen Bereich in den mental-begrifflichen auch: Jean Gebser, Ursprung und Gegenwart; Deutsche Verlags-Anstalt, 1949/53, Bd. I, S. 142 u. Anm. daselbst, bzw. 2/1966, S. 99 und Anm. 128.

heit und Weisheit fordert. Hinweise darauf enthält das große, zwischen 1111 und 1115 n. Chr. von Bi-yän-lu verfaßte Weisheitsbuch, das als Haupturkunde und als eine der drei grundlegenden Schriften des Zen-Buddhismus gilt*.

Diese Feststellungen dürfen uns aber nicht dazu verleiten, der asiatischen Wesensart jene aggressiv-aktive und vor allem auf die Außenwelt gerichtete Tüchtigkeit und Erfolgsbesessenheit zuzusprechen, von denen wir Europäer meinen, daß sie vornehmlich positiv zu wertende Charakterzüge seien. Das Zitat aus des Meisters Yüan-wu's »Niederschrift« verweist uns ja darauf, daß der Nicht-Verzicht auf die Auseinandersetzung mit dem Leben nicht durch die auf die Außenwelt gerichtete Gewalt, sondern durch die inneren Kräfte geleistet werden soll. Für diese mehr auf das Innen gerichtete Haltung des Asiaten können vielleicht zusätzliche und zudem eine größere Zeitspanne umfassende Ausführungen über die verschiedenen Arten der Technik in Ost und West aufschlußreich sein, welche für die verschiedenen Wege, welche Europa und Asien während des letzten Zeitalters eingeschlagen haben, bezeichnend sein dürften.

* Siehe: Bi-yän-lu, Meister Yüan-wu's Niederschrift von der Smaragdenen Felswand; verdeutscht und erläutert von Wilhelm Gundert; Hanser, München, 1960/67; Bd. I/II; zwei der diesbezüglichen Hinweise finden sich im Bd. II, S. 264 und 266: »Was bleibt uns übrig, als sie (die Welt) so zu nehmen, wie sie ist... (Aber) dieses ›Nehmen‹ ist durchaus nicht etwas rein Passives.« Und »... es (galt) nicht mehr nur, die Welt der Dinge... als leeren Schein und Trug zu meiden....« – Die zweite Schrift ist: »Die Zen-Lehre des chinesischen Meisters Huang Po«; Barth, Weilheim, 1960; Slg.: »Weisheitsbücher der Menscheit«, hrsg. und mit einem Vorwort von Jean Gebser. – Von der dritten Schrift, der des Wei-Lang, wird noch im folgenden Kapitel zu sprechen sein. – Mit aller nur wünschenswerten Klarheit nimmt Daisetz Teitaro Suzuki in seinen zahlreichen Werken diese Forderung, die für den heutigen Zen-Buddhismus aussschlaggebend geworden ist, wieder auf. Übrigens sei nicht vergessen, daß der Chan-Buddhismus dem Taoismus viel entlehnt hat, worauf Alexandra David-Neel, Unsterblickeit und Wiedergeburt; Brockhaus, Wiesbaden, 1962; S. 31, Anm. 1, hinweist. Erklären dürfte sich diese Tatsache vornehmlich aus der geistigen Grundhaltung des Buddhismus, welchem die hinnehmende Kraft des Taoismus eignet, im Unterschied zum Hinduismus, der mehr zum Fatalismus neigt.

Zuvor muß jedoch noch auf zwei mögliche Einwände eingegangen werden:
Der erste betrifft das kurzschlußhafte Argument, daß die sattsam bekannte Geschäftstüchtigkeit des Asiaten sich nicht mit der hier erwähnten Lebensabgewandtheit vertrüge; dieser Einwand ist unberechtigt. Die lebenserhaltende, tätige Freude an Geschäften beschränkt sich fast durchgängig auf den Handel, also auf das Vermitteln; sie ist im Unterschied zu unserer Art keine Aktivität – weder im technischen Sinne, noch ist sie ausschließlich eine um des Verdienstes willen oder um aus investierter Anstrengung und Betriebsamkeit, um aus Erfindungen und Verwertung derselben Nutzen zu ziehen.
Der zweite der möglichen Einwände betrifft das oft den Bauern und Händlern fälschlicherweise zugesprochene rationale Vermögen. Daß die Träger selbst der frühen Jäger- und Bauernkulturen rechnen und zählen konnten, ist noch keine Bestätigung dafür, daß sie Rationalisten (in dem von uns stets klar umrissenen Sinne) gewesen wären oder seien. Was hier als mißverstandene Rationalität den Trägern der magisch-mythischen Bewußtseinsstruktur zugesprochen wird, hat nichts mit ihr zu tun; es handelt sich dagegen dabei um den natürlichen Sinn, den common sense, der jedem auf seinen Lebensunterhalt Bedachten stets geeignet hat. Er darf mit dem mentalrationalen Vermögen, das erst durch das »große Geschehnis« der umgestaltenden Bewußtseinsmutation um 500 v. Chr. geweckt wurde, nicht verwechselt werden. Um es noch einmal in aller Deutlichkeit zu sagen: Diese damals neu in Erscheinung tretende Bewußtseinsstruktur zeichnet sich dadurch aus, daß, im Unterschied zu den Bewußtseinsstrukturen der Frühkulturen magisch-mythischen Charakters (die ja noch heute in der Menschheit und auch in jedem einzelnen Abendländer weiterleben), der Mensch seitdem erstmals befähigt wurde, in Begriffen zu denken, die natürlichen Geschehnisse und Erscheinungen objektivierend zu begrenzen und später die Zeit in

ihrer meßbar gemachten Form, der Uhrenzeit, zu handhaben: Fähigkeiten, die den Vertretern der vorwiegend magisch-mythischen Bewußtseinsstruktur, und somit weitgehend auch noch der Mehrzahl der heutigen Asiaten (aber auf ihre Weise auch den heutigen Afrikanern sowie den Nachkommen der Ureinwohner Südamerikas und Australiens, ja selbst der Bauernbevölkerung vornehmlich Südeuropas) abgehen, denn der Bauer rechnet noch heute (um nur zwei Beispiele anzuführen) mit der Naturzeit, den Jahreszeiten, aber nicht mit der Uhrenzeit; und sein Denken ist noch nicht begrifflich begrenzend, sondern weitgehend ein naturhaft oder seelisch gebundenes, also ein magisch-mythisches Denken.

Nach der Abklärung dieser Tatbestände, die ersichtlich macht, daß noch immer infolge der Projektion unserer mental-rationalen, europäischen Denkweise anders strukturierte Denkweisen durch uns verfälscht werden, dürfen wir uns nun den einander ergänzenden Techniken des Abendlandes und Asiens zuwenden.

Die Komplementarität abendländischer und asiatischer Technik

»Komplementarität« sei hier als Synonym für »Ergänzung« gebraucht; sie bringt einen Aspekt der Ergänzung beziehungsweise der Ergänztheit besonders stark zum Ausdruck, nämlich den der »Sowohl-als-auch«-Konstellation. Diese Konstellation liegt beispielsweise der auf Niels Bohr zurückgehenden Formulierung des »Komplementaritätsprinzips« zugrunde, welche unter anderen die hochbedeutsame Tatsache, daß Materie beziehungsweise das Licht gleichwertig *sowohl* Korpuskel *als auch* Welle ist, denkerisch nachvollziehbar und praktisch handhabbar machte. Diese Formulierung ist eine jener entscheidenden, die wir der kernphysikalischen Forschung verdanken, indem sie die Begrenztheiten unseres bisherigen Denkens aufschlüsselte; ohne sie wären die größten technischen Leistungen des Westens während der letzten Jahrzehnte nicht möglich gewesen.

Das alles scheint auf den ersten Blick nicht das geringste mit Asien zu tun zu haben. Aber das Gegenteil dürfte der Fall sein. Die »Sowohl-als-auch«-Struktur war einst, vor dem »großen Geschehnis«, und ist weitgehend noch heute in Asien die bewußtseinsmäßig stärker betonte Denkstruktur als die mental-rationale, welche im Abendlande infolge der aristotelischen Denkweise vorherrschend wurde, die sich auf das »Entweder-Oder«-System stützt. Es blieb Werner Heisenberg vorbehalten, die philosophischen Konsequenzen aus der auch durch ihn geförderten neuen Formulierung und Betrachtungsweise zu ziehen und ihre Ausgestaltung anzuregen.

Die für unser Verhältnis zu Asien sich daraus ergebenden Folgen grundlegender Art sind einer der Gründe, weshalb hier von der Komplementarität der abendländischen und der asiatischen Formen der Technik gesprochen werden muß. Ihre Erwähnung ist im denkerischen Bereich von der gleichen konkreten Wertigkeit wie die in den vorangegangenen Kapiteln aufgeführten Beispiele für die alltäglichen Verhaltensweisen der Asiaten.

Für alle jene, die sich im abendländischen Zivilisationsbereich tagtäglich, sei es forschend, sei es herstellend, mit der Technik beschäftigen, ist die Welt der Technik eine weitgehend fraglose Welt. Sie leben nicht nur in ihr wie wir alle, sondern sie leben von ihr. Für sie ist die Technik (trotz ihrer barbarischen, entmenschlichenden Möglichkeiten und Gefahren) kein Problem, sondern eine vertraute Selbstverständlichkeit, an deren Nützlichkeit zu zweifeln zudem bedeuten würde, daß sie ihr eigenes Leben in Frage stellten. Und selbst jene, die weder forschend noch herstellend an die Technik gebunden sind, können sich ihr in unserem Zeitalter nicht mehr entziehen. Auch für sie ist die Technik als solche zumeist kein Problem, obwohl sie hin und wieder durch sie vor Fragen gestellt werden, die über das Technische hinausgehen. Eine dieser zahlreichen Fragen ist die nach der Einstellung des Menschen zur Technik, nach seinen Beziehungen zu ihr, wie sie sich vornehmlich in den letzten zweiundeinhalbtausend Jahren und in den verschiedenen Kulturkreisen herauskristallisiert haben.

Wenn dem westlichen Menschen von heute seine Art der Technik eine Selbstverständlichkeit ist, so ist dies in der menschheitlichen Geistesgeschichte gewissermaßen ein Novum und zugleich eine Folge des einschneidenden, welt- und wirklichkeitsverändernden »großen Geschehnisses« um 500 v. Chr. Im Abendlande waren es damals die Griechen, die das Denken aus dem Traum in die Tageswachheit, aus dem Bildmäßigen ins Begriffliche hoben. Sie brachen aus dem bildhaften Kreisdenken des Mythischen aus in das zielgerichtete logisch-kausale Denken mental-rationaler Art, das sie für das Abendland stärker ausformten, als es gleichzeitig durch die Vertreter anderer Hochkulturen ausgeformt wurde. Sie ermöglichten damit zum ersten Male Philosophie und Wissenschaft, vor allem aber die Naturwissenschaften, aus denen unsere abendländische Technik hervorgegangen ist. Denn die Technik, gleichgültig, welche ihrer Stadien wir betrachten, war dem Menschen durchaus nicht von der Selbstverständlichkeit, als die sie uns heute erscheint. Dies und einiges mehr, was für uns Abendländer zu dem Geschehen der griechischen Jahrhunderte gehört, läßt sich sehr deutlich an einer Begebenheit ablesen, welche Dschuang Dsi* schildert. Er lebte im vierten Jahrhundert v. Chr., war Taoist und stand als solcher dem patriarchalen und bereits ziemlich pragmatischen Konfuzianismus fern. In der Begebenheit, die Dschuang Dsi berichtet, spielt einer der bedeutendsten Konfuziusjünger, Dsï-Gung, eine Rolle, der seinem Meister seinerseits einen hervorragenden Schüler, den Dsï Schï, zugeführt hatte. Dieser Dsï Schï – und dies muß hier hervorgehoben werden, da nur das Wissen um diesen Tatbestand die Begebenheit erklärt – war der Verfasser eines Werkes logischen Inhaltes.

Die von Dschuang Dsi geschilderte Begebenheit trägt den Titel »Der Ziehbrunnen**«:

»Dsï Gung war im Staate Tschu gewandert und nach dem Staate Dsin zurückgekehrt. Als er durch die Gegend nördlich des Han-Flusses kam, sah er einen alten Mann, der in seinem Gemüsegarten beschäftigt war. Er hatte Gräben gezogen zur Bewässerung. Er stieg selbst in den Brunnen hinunter und brachte in seinen Armen ein Gefäß voll Wasser herauf, das er ausgoß. Er mühte sich aufs äußerste

* Siehe: Dschuang Dsi, Das wahre Buch vom südlichen Blütenland; übers. von R. Wilhelm; Diederichs, Leipzig, jetzt Wiesbaden 1940; S. 89f. und 218, Anm. 10.

** Werner Heisenberg, Das Naturbild der heutigen Physik; Rowohlt (rde Bd. Nr. 8), 1955; hat (s. dort S. 15f.) (wie wir erst nach Niederschrift dieser Zeilen feststellten) das gleiche alt-chinesische Beispiel zitiert und auf luzide und wegweisende Art interpretiert.

ab und brachte doch wenig zustande. Dsï Gung sprach: ›Da gibt es eine Einrichtung, mit der man an einem Tag hundert Gräben bewässern kann. Mit wenig Mühe wird viel erreicht. Möchtet Ihr die anwenden?‹
Der Gärtner richtete sich auf, sah ihn an und sprach: ›Und was wäre das?‹ Dsï Gung sprach: ›Man nimmt einen hölzernen Hebelarm, der hinten beschwert und vorn leicht ist. Auf diese Weise kann man das Wasser schöpfen, daß es nur so sprudelt. Man nennt das einen Ziehbrunnen.‹ Da stieg dem Alten der Ärger ins Gesicht, und er sagte lachend: ›Ich habe meinen Lehrer sagen hören: Wenn einer Maschinen benützt, so betreibt er all seine Geschäfte maschinenmäßig; wer seine Geschäfte maschinenmäßig betreibt, der bekommt ein Maschinenherz. Wenn einer aber ein Maschinenherz in der Brust hat, dem geht die reine Einfalt verloren. Bei wem die reine Einfalt hin ist, der wird ungewiß in den Regungen seines Geistes. Ungewißheit in den Regungen des Geistes ist etwas, das sich mit dem wahren Tao (dem alles durchwirkenden göttlichen Weltgeist) nicht verträgt. Nicht daß ich solche Dinge nicht kennte: Ich schäme mich, sie anzuwenden.‹
Dsï Gung errötete und wurde verlegen. Er blickte zur Erde und erwiderte nichts.«
Der Bericht des Dschuang Dsi über diese Begebenheit ist sehr komplexer Natur. Freilich bedarf es einer gewissen Unvoreingenommenheit, um dies zu akzeptieren. Es bedarf nämlich des Eingeständnisses und der Anerkennung der Tatsache, daß es zwei gültige, einander ergänzende Formen der Technik gibt, daß also unsere westliche nicht die einzige und alleingültige sei, sondern daß eine Komplementarität der abendländischen und der asiatischen Technik bestehe.
Jede Technik ermöglicht außer der Sicherung des Lebens vor allem zweierlei: die Erleichterung der Arbeit und die Meisterung der Natur. Daß man, anstatt so zu definieren, auch von einer Lebens-, Natur- oder Weltbeherrschung, die durch die Technik ermöglicht werden, sprechen kann,

ist selbstverständlich. Aber genauso selbstverständlich ist es für uns im Westen, daß wir dabei lediglich die gewissermaßen nur äußeren, materiellen Naturgegebenheiten meinen, daß wir die technische Einwirkung auf das für uns Reale, auf das Vordergründig-Sichtbare beschränken. Ganz anderer, doch komplementärer Art ist dagegen die östliche, vornehmlich asiatische Form der Technik. Sie bezieht sich auf das für uns Irreale, ja auf das bei uns fast verpönte Irrationale, also auf das Hintergründig-Unsichtbare.

Unsere Technik ist mental-rationaler Art. Jener Dsï Gung ist einer ihrer ersten chinesischen Vertreter. Er steht der gelebten Weisheit des »alten Mannes«, der in seinem Garten arbeitet, als Repräsentant des mentalen Wissens gegenüber, ist sicher aber, wie der Schlußsatz des Ziehbrunnen-Berichtes zeigt, dieser Haltung noch nicht sicher, denn er »errötete und wurde verlegen; er blickte zur Erde und erwiderte nichts«.

Dschuang Dsi gibt im weiteren Verlauf des Berichtes einen unmißverständlichen Hinweis auf die hier aufgezeigte Konstellation, wenn er einen anderen Meister über jenen »alten Mann« sagen läßt: »Er kennt das Eine (das Tao) und er will nichts wissen von einem Zweiten; er ordnet sein Inneres und kümmert sich nicht um das Äußere.«

In diesem Bericht begegnen somit die Vertreter der beiden technischen Formen einander: Asien hat die an die »Innerlichkeit« sich wendende im Verlauf der Jahrhunderte beibehalten, während wir uns in zunehmendem Maße nur der Ausgestaltung der auf die »Äußerlichkeit« zielenden befleißigten.

Vor allem der Buddhismus und der Hinduismus verstärkten die Wirkung der das Innen meinenden Arbeit durch die Yoga-Techniken, indem sie von der allgemeinen Basis der Meditation ausgingen, die im Ziehbrunnen-Bericht implizit desgleichen aufscheint, da die »reine Einfalt« und die Befreiung von der »Ungewißheit in den Regungen des

Geistes« die meditative Technik der Hinwendung zur inneren, geistigen Natur voraussetzt. Und wie sollte, ja könnte es denn anders in Asien sein, da dem Asiaten, soweit er im Wirkfeld des Hinduismus sowie des Buddhismus (der auf Tibet, Hinterindien, Ceylon, China und Japan nicht ohne Einfluß geblieben ist) lebt, die materielle äußere Welt »Maya«, also Schleier ist, eine Scheinwelt, die für ihn letztlich in dem gleichen Maße irreal ist, wie andererseits die dem Asiaten wirkliche Welt des Unsichtbaren für uns irrationalen Charakter hat*.

Es sind diese beiden Grundformen der Technik, jene, die der Meisterung der Innenwelt, und jene, die der Beherrschung der Außenwelt dienen, welche die Beziehung des Menschen zur Technik bestimmen.

Diese Beziehungen haben sich hinsichtlich der beiden Techniken in einer einander ergänzenden Weise während der letzten zwei Jahrtausende gewandelt: Während wir die Außentechnik mehr und mehr entwickelten, wurde sie bis vor kurzem von den Asiaten gemieden, obwohl auch ihnen die Ansatzpunkte für die merkantile, pragmatische und auch kriegerische Auswertung von technischen Erfindungen zur Verfügung standen. Allgemein bekannt ist ja die Tatsache, daß viele Erfindungen in Asien sehr viel früher gemacht worden sind als in Europa: Es sei nur an die chinesischen des Schießpulvers, des Porzellans, der Druckkunst erinnert; vor allem aber an die älteste: an die Erfindung des arithmetischen Grundmodells, der sich nur der 0 (Null) und der 1 (Eins) bedienenden (der binären) Zählweise; sie wurde von Fuh-Hi, dem ersten Herrscher und Heiligen Chinas, um 3000 v. Chr. gefunden, von G. W. Leibniz wiederentdeckt und durch

* »Maya« ist eine kosmogonische Umschreibung der brahmanischen Theosophie und bedeutet demzufolge im Hinduismus (aus dem ihn Schopenhauer übernommen hat) »Schleier«, der das Wesen hinter den Vorstellungen (und hinter den sichtbaren Dingen) verbirgt. Dagegen kennt der echte Buddhismus diese Interpretation nicht; für ihn ist Maya das »Spiel der Illusionen«; vgl. dazu: »Tibetanisches Vogelbuch«, übertragen und kommentiert von Otto von Taube; Arche, Zürich, 1957; Anm. 34 auf S. 62f.

Norbert Wiener als Grundlage der Kybernetik verwendet*.
Die Ausgestaltung unserer heutigen Technik wurde durch die neue Denkform ermöglicht, der im Abendlande die Griechen zum Durchbruch verhalfen.
Dank ihrer bildete sich sehr allmählich die Form der Wissenschaft heraus, die dann, seit der Renaissance, im 16. Jahrhundert vor allem durch Galileo Galilei, die für uns verbindliche geworden ist: Sie erst schuf die geeignete Grundlage für das Wachstum dessen, was wir heute unter abendländischer Technik verstehen.
Wichtiger und wohl auch folgenschwerer als die das Rationale überbewertende, aber damals notwendige Maxime Francis Bacons, »Wissen ist Macht«, scheinen uns die Konzepte seiner Zeitgenossen, die Descartes' und die Galileis zu sein. Descartes postulierte einen betont anthropozentrischen Dualismus, der die Aufspaltung der Welt einleitete und damit ihren greifbaren Teil noch greifbarer werden ließ, während Galilei die Maxime prägte: »Messen, was meßbar ist, und meßbar machen, was es noch nicht ist.« Aus der Maxime Bacons spricht eine entschiedene Hinwendung zum Hiesigen, zur »äußeren Welt«. Dieser äußeren Welt setzte Descartes als der *res extenso* (der nach mechanischen Gesetzen geordneten Außenwelt) lediglich eine *res cogitans*, unter der er den menschlichen Verstand begriff, entgegen. Damit war die Komplementarität, ja die Polarität von Innen und Außen, von »Innentechnik« und »Außentechnik« zerrissen – und die Säkularisierung, die betonte Hiesigkeit unserer Weltvorstellung, eingeleitet. Dies bedeutete für das Abendland einen weitgehenden Verlust der Innenwelt, der jedoch zuerst durch den Gewinn an Macht über die Außenwelt

* Siehe: G. W. Leibniz, Zwei Briefe über das binäre Zahlensystem und die chinesische Philosophie; mit einem Nachwort von Jean Gebser: »Zur fünftausendjährigen Geschichte des binären Zahlensystems: Fuh-Hi – G. W. Leibniz – Norbert Wiener«. Erster Druck der Belser-Presse; Belser, Stuttgart, 1968.

kompensiert schien. Dieser Gewinn wurde aber vor allem durch die Maxime Galileis ermöglicht, da sie zugleich auch ein Rezept ist, nämlich eines zur Erschließung des Raumes, den Leonardo da Vinci durch seine »Perspektivkunst« endgültig in die Anschaulichkeit und damit ins Bewußtsein gehoben hatte. Das Spielgehäuse des Meßbaren und damit unserer Technik ist der Raum, der uns damals allenthalben bewußt und demzufolge entdeckt wurde. Das Spielfeld des Nicht-Meßbaren und damit der asiatischen Technik ist das raumlose Innen; oder, um ein allerdings leicht irreführendes Beispiel zu gebrauchen: Es ist die nicht meßbare Seele und das nicht ermeßbare Geistige. Die Arbeit an ihnen hatte das christliche Abendland nicht gänzlich vernachlässigt; die Kirchenväter, vor allem die Mystiker, sind Zeugen dafür, daß die »Techniken« der Meditation und der Versenkung geübt wurden. Im gleichen Maße arbeitete Asien seinerseits daran, nicht gänzlich der Ansätze des zielgerichteten logischen und begrifflichen, nämlich des »Entweder-Oder«-Denkens verlustig zu gehen. So postulierte der hinduistische Reformator und Brahmane Shankara (um 800 n. Chr.), von den »sieben Möglichkeiten« der Logik Mahaviras ausgehend, seine vierwertige Logik, die im Vergleich mit der Alternativlogik des Aristoteles dem Hang zum Mythischen entgegenkommt. Übrigens wird die neue »Quantenlogik« (beziehungsweise die »Komplementaritätslogik«), die jetzt auf Grund der Anregung Werner Heisenbergs durch C. F. von Weizsäcker ausgearbeitet wird, da und dort auch als die dreiwertige oder als die mehrwertige Logik bezeichnet. Mahavira also hatte eine siebenwertige, Shankara eine vierwertige, in der Scholastik hatten auch wir noch eine vierwertige Logik – jedenfalls hatten wir einen vierwertigen Kausalitätsbegriff*. Heute dagegen kennen wir nur noch eine Form der Kausalität, nämlich die gerad-

* Siehe den Beitrag von Werner Heisenberg, Kausalität und Atomphysik, in: Die neue Weltschau; Stuttgart, Deutsche Verlags-Anstalt, 1953; Bd. II, S. 119ff.

linige: hier die Ursache und dort die Wirkung. Andere Formen der Kausalität gibt es angeblich nicht. Die vierwertige Logik des Shankara, die für Asien immerhin das Spielfeld des »Sowohl-als-auch« offenhielt, sowie der aus China in Japan eingedrungene Chan, der dort zum Zen-Buddhismus wurde, hatten diese Form der – sagen wir – flexiblen Logik und des flexiblen Denkens wachgehalten. Während das in Asien geschah, wandte sich bei uns das »technische Interesse« in zunehmendem Maße von der Meisterung der Innenwelt ab, um sich (wie bereits erwähnt wurde) desto stärker und ausschließlicher der Beherrschung der Außenwelt zuzuneigen.

Hatten sich in den ersten zwei Jahrtausenden, von dem Stichjahr 500 v. Chr. bis zum anderen, 1500 n. Chr.*, die Beziehungen des Menschen zu den Formen der Technik nur sehr langsam geändert, so trat seit Galilei eine zunehmende Beschleunigung im Wandel dieser Beziehungen ein. Bereits nach zweihundert Jahren wird die bis dahin immer noch vorwiegend handwerkliche Technik in der Zeit, die durch das Stichjahr der Französischen Revolution charakterisiert ist, zur Maschinentechnik, die vornehmlich durch James Watts Erfindung (1782–1784) der zweiten, dieses Mal der doppelt wirkenden Dampfmaschine mit Drehbewegung eingeleitet wurde.

Und nochmals wandelt sich, diesmal noch schneller, nämlich in kaum hundert Jahren, unsere Beziehung zur Technik, da sie die technische Industrialisierung ermöglicht, die, nehmen wir als Stichjahr die letzte Jahrhundertwende, seitdem unser gesamtes Leben beeinflußt.

Und abermals, nun aber unter noch größerer zeitlicher Kompression, nämlich nach nur knapp fünfzig Jahren, bricht sich eine wiederum neuartige technische Dimen-

* Diese Jahresangaben mögen als bloße Stichjahre, die sich um hundert Jahre voraus oder zurück verschieben lassen, betrachtet werden und sollten nicht als festlegende Datierungen für die entscheidenden Ereignisse gelten (siehe dazu auch Jean Gebser, Abendländische Wandlung; Ullstein-Buch Nr. 107, dort besonders die ersten Kapitel).

sion Bahn, die vorerst als Auslöser des sogenannten Atomzeitalters bezeichnet worden ist. Parallel dazu vollzieht sich jedoch diesmal, da die ans Außen sich verschwendende Technik ihrem Höhepunkt zuzueilen scheint, eine weniger realisierte neue Beziehung zu der einstigen, dem Innen zugewandten Technik, ohne daß jedoch – und dies ist von ausschlaggebender Wichtigkeit – rückfällig eine neumalige Irrationalisierung ausgelöst würde, eine Irrationalisierung, die durch die Akzeptierung des »Sowohl-als-auch«, welches ja mythischen beziehungsweise psychischen Ursprunges ist, immerhin möglich gewesen wäre. Die gleichen Physiker, von Röntgen bis Hahn, welche das »atomare Zeitalter« ermöglichten, erarbeiteten – vor allem jene, die es wagten, philosophisch die Konsequenzen aus der Quanten- und der Relativitätstheorie zu ziehen – neue Denkansätze, die auch bewußtseinsmäßig neuartig sind. Von diesen Ansätzen wird noch in den beiden letzten Kapiteln zu sprechen sein, um so mehr, als sie auf korrespondierende Weise auch in Asien zum Durchbruch kommen.

Es sei mit allen Vorbehalten und der gebotenen Bescheidenheit gestattet, eine bloße Vermutung zu äußern: daß nämlich die von den neuen kernphysikalischen Gegebenheiten ausgehende Arbeit an der sogenannten »Komplementaritätslogik« (oder »Quantenlogik«) sehr wohl die gewissermaßen erhöhte (oder vertiefte) Form der aristotelischen Logik ermöglichen könnte und daß sie damit den irrationalen Polaritäts-Charakter der »Innentechnik« sowie die rational-logische Gegensatz-Systematik der »Außentechnik« in eine Form überhöhte, welche diese beiden Techniken in einem Miteinander vollziehbar machen würde. Ansätze dazu sind vorhanden. Daß sie Frucht tragen, ist zu hoffen. Aber sie würden natürlich nur Frucht tragen, wenn einerseits wir die »Innentechnik« unserem Wesen, die Asiaten andererseits die »Außentechnik« ihrem Wesen gemäß integrierten. Dafür bedarf es, was vorerst uns selber betrifft, daß wir uns über die geistigen Vorgänge – es handelt sich nämlich bei ihnen um mehr als um bloße intellektuelle Phänomene –, daß wir uns über diese grundlegend umgestaltenden Vorgänge unserer Epoche klarwerden und sie uns bewußt machen. So wir dies versäumen, laufen wir Gefahr, mit Dingen oder Praktiken, wie beispielsweise den Yoga-Techniken, zu spielen, denen wir uns konstitutions-und wesensmäßig entfremdet haben. Dagegen ist beispielsweise das »Autogene Training« ein erster, fast gelungener Versuch einer der westlichen Psyche angepaßten »Innentechnik*«. Ein geglückter Schritt, nämlich ein neuer Denkansatz, ist freilich die durch die »Komplementaritätslogik« ermöglichte *bewußte Integration* der »Sowohl-als-auch«-Struktur, wodurch unsere bisher von der dualistischen »Entweder-oder«-Alternative beherrschte Denkweise um die arationale »Denk«-Möglichkeit und Bewußtseinsstruktur bereichert wurde. Dies war möglich, weil wir dabei nicht in die drohende Irrationalität abglitten, die, wie bereits hervorgehoben wurde, dem »Sowohl-als-auch« innewohnt, sondern diese Irrationalität, aber auch die bloße Rationalität, dank des neuen Bewußtseins integrierend gewissermaßen überhöhten.

Doch kommen wir auf die beiden Formen der Technik zurück. Die westliche Zivilisation wird es sich so wenig leisten können, auch weiterhin einseitig nur der Außentechnik zu dienen, wie Asien es sich nicht mehr leisten kann, nur noch der Innentechnik zu leben. Dieses »Entweder-oder« ist hinfällig geworden. Für uns aber, für jeden einzelnen von uns bedeutet das für seine eigene Lebensverantwortung etwas ganz Entscheidendes, näm-

* Siehe: I. H. Schultz, Das autogene Training (Konzentrative Selbstentspannung); Springer, Berlin, (12. Aufl. 1966). – Es muß freilich darauf hingewiesen werden, daß diese »Technik«, beziehungsweise dies »Training«, obwohl sie gegen die sie bedrohenden rationalistischen Gefahren angeht, doch noch weitgehend gerade diesen Gefahren erliegt. Dies wird auch an der Koppelung der zwei einander ausschließenden Haltungen deutlich, denn Konzentration, die niemals gänzlich der Willensanstrengung und der Absicht entraten kann, ist mit echter Entspannung unvereinbar.

lich ein Umdenken, ein Anerkennen von Strukturen auch in sich selber, vor denen wir viele Jahrhunderte lang als Europäer die Augen verschlossen haben.

Die Beziehungen des Menschen zur Technik haben sich im Verlaufe der letzten zwei Jahrtausende dadurch gewandelt, daß der Mensch die verschiedenen Techniken immer stärker herauskristallisierte, wobei er es freilich weder bei uns noch in Asien zu vermeiden wußte, sie da und dort einseitig ins Extrem und damit in den Leerlauf zu treiben. Es wird wohl eine, wenn nicht die vornehmlichste Aufgabe unserer Zeit sein müssen, den Weg aus den bloßen Einseitigkeiten der beiden technischen Grundformen und der beiden Denkformen zu finden. Ohne diese Leistung wird das notwendig kommende menschliche Zeitalter, das sich als ein menschheitliches bereits anzukündigen beginnt, kaum Wirklichkeit werden können. Und was dieser Fehlschlag dann bedeuten würde, wenn wir uns nicht – jeder einzelne – mit aller Verantwortung dessen, was unserer Zeit mit ihrer Neuartigkeit von uns fordert, bewußt sind, bedarf gewiß keines Kommentars.

Die Einsicht in die einander ergänzende Polarität der asiatischen Innentechnik und unserer Außentechnik läßt uns erkennen, vor welcher Aufgabe wir stehen. Und wir sollten auch im Alltag hin und wieder dessen eingedenk bleiben. Denn bereits die nächsten Jahre werden uns vor derartige Probleme stellen, daß, so man nur daran denkt, es einem reichlich ungemütlich werden könnte, wenn man nicht die innere Kraft, die uns das neue Denken vermitteln kann, in sich spürte. Anders werden wir die nächsten Jahrzehnte kaum überstehen. Und deshalb gehört es zur Verantwortung jedes einzelnen, daß er sich nicht einfach nur intellektuell über die neuen Grundlagen und die neuen Denkformen*, die letztlich wir selber, nämlich unsere Generation, hervorgebracht haben, Rechenschaft ablegt, sondern mit daran arbeitet, durch seine eigene Gesundung, Sicherheit, Umstellung und Offenheit diese Elemente in der Welt so zu stärken, daß die anderen, die, uns bedrohend, virulent werden, nicht die Oberhand gewinnen. Zudem ist nur durch eine derartige Stärkung die Gewähr dafür gegeben, daß die »Große Begegnung« zwischen Asien und dem Abendlande glükken kann.

* Siehe dazu sowie über ihr Verhältnis zu Asien auch: Jean Gebser, The Spiritual Dimension of Modern Science, Lecture given at Max Mueller Bhavan, New Delhi, on 2-5-61; Yearbook 1962, Max Mueller Bhavan, New Delhi, 1962; p. 17–27; sowie deren erweiterte deutsche Fassung: »Asien und die Wissenschaft des Abendlandes«, Gastvorlesung gehalten an der Tokyo University am 3. 7. 1961; in: »Indo-Asia«; Kohlhammer, Stuttgart, 1962; 4. Jg., April 1962, Heft 2, S. 144ff.

Gemeinsamkeiten in der geistigen Haltung

Neben allen Gegensätzen zwischen Ost und West, die sich, wie wir hoffen, aus ihrer Aggressivität in die Friedfertigkeit der Entsprechung verwandeln werden, gibt es einen Bereich, in dem nicht nur Entsprechung, sondern eigentlich stets Gemeinsamkeit geherrscht hat. Er soll jetzt kurz Erwähnung finden. Dies um so mehr, als er die tiefsten (oder höchsten) Wurzeln des Menschlichen betrifft, und weil diese Gemeinsamkeit durch die Intoleranz und den Fanatismus mancher kirchlicher Institutionen und sogenannter religiöser Gemeinschaften nicht nur etwa in fragwürdiger Anmaßung abgestritten, sondern totgeschwiegen worden sind. Es handelt sich dabei weniger um das, was man bei uns als das religiöse Phänomen bezeichnet, sondern um jene letzte geistige Wirklichkeit, an der die Menschen und die einzelnen Kulturkreise je ihrer Bewußtseinsstruktur entsprechend teilhaben und manchmal sogar um diese Teilhabe nicht nur wissen, sondern sie als unverlierbare Gnade erfahren durften.
Es gibt den Bereich des Geistigen, der es nicht zuläßt, daß man darüber mit jener begrifflichen und verstandesmäßigen Klarheit und Genauigkeit spräche, welche uns liebenswert sind. Das besagt keinesfalls, daß uns das Klima dieses Bereiches in die Ungenauigkeit oder die Geheimniskrämerei verwiese. Aber es fordert, daß wir mit jeder Äußerung oder Aussage darüber behutsam sein sollten, damit sie seinen gleichsam überstarken Gehalt nicht zerredet. Dieser Gehalt entzieht sich weitgehend jedweder Mitteilbarkeit. Seine Anerkennung ist dem landläufigen Denken nur dann möglich, wenn es sich, groß- oder kleinmütig, bereitfindet – was selten genug geschieht –,

von der handgreiflichen Beweisbarkeit abzusehen, um sich für seine Gültigkeit mit der bloßen Wahrscheinlichkeit oder Möglichkeit zu begnügen.
Worum handelt es sich? Auch und vor allem um die Einsicht, die dem Westen weitgehend verlorengegangen war, daß nämlich dieser Bereich mehr ist als ein bloßer, den Glauben und das Denken überragender Bereich; daß dieses Geistige, das gottheitliche Ganze, alles: Mensch, Welt, All und Außer-All durchwirkt als eine gleichsam immerwährende Bewahrung und Läuterung der Schöpfung und damit auch des Menschen, sofern er sich ihm zu öffnen vermag.
Hin und wieder ist es einigen Europäern selbst unserer Tage gelungen, im heutigen Menschen das Bewußtsein von seiner immerwährenden Teilhabe am Geistigen zu wecken. Gelingt es, so ist dies gleichbedeutend mit der »Großen Befreiung«, dank derer sich das Leben und Sterben des einzelnen zu erfüllen vermag.
Alles verstandesmäßig Denkbare hat nur dann Wirklichkeitswert, wenn es Beweiskraft hat. Alles geistig Wahrnehmbare hat nur dann Gültigkeit, wenn es Evidenzcharakter hat. Das, wovon hier zu sprechen gewagt wird, vollzieht sich im Übergedanklichen. Damit bleibt es für jene, welche die Grenzen des Denkens nicht zu überschreiten wagen, bloße Vermutung, während es für die Wahrnehmenden die Transparenz des »Letztwirklichen*« ist. Dieser Transparenz kann man nicht ansichtig werden, sie kann man nicht sehen, wohl aber kann sie in der unangestrengtesten Überwachheit wahrnehmbar, kann im eigensten Sinne des Wortes »gewahrt**« werden. Sie ist mehr als Klarheit oder Leuchten, mehr als Verklärung oder Strahlung. Möglicherweise könnte man von ihr als

* Siehe: G. R. Heyer, Vom Kraftfeld der Seele; Klett, Stuttgart, 1949; S. 185, Anm. 87; bzw. Kindler-Taschenbuch Nr. 2009, 1964, S. 165, Anm. 87.
** Siehe: Jean Gebser, Ursprung und Gegenwart; Deutsche Verlags-Anstalt, Stuttgart, 1949/53, Bd. I/II; bzw. 2. Aufl. 1966; siehe in den Sachregistern die Verweise für die Stichwörter »wahren« und »Wahrung«.

dem Durchglänztsein des Ganzen sprechen. Wer ihrer teilhaftig wird, ist gleichsam geläutert, wie umgeschmolzen, von den Schlacken der Seele und den Begrenztheiten des Denkens befreit, ohne in mindester Weise etwa dem Hiesigen rauschhaft entrückt zu sein; ist »in der Ordnung«, im tiefsten Vertrauen und durchpulst von nüchtern-heiliger Ursprungsgegenwärtigkeit. Und dies alles, ohne daß er der klar sich weiterhin ereignenden und vorhandenen Umwelt verlustig ginge, wobei zudem zu bemerken ist, daß alles Gegenständliche desgleichen in die Transparenz erhoben ist und sich damit in das Gegenüberlose wandelt. Und noch eines muß erwähnt werden, was der einzelne je nach Einstellung als bloße Vermutung oder als unbeweisbare Evidenz werten wird: Diese Transparentwerdung oder diese vollzogene Aufnahme in die Transparenz sind in keiner Weise ein bewußtseinsschwächendes Ereignis magischer Einigung; es ist kein billig-emotionales oder trancehaftes Einswerden (mit dem sogenannten All oder der Welt), sondern die überklare Gewißheit, daß die Aufnahme in die Transparenz des Ganzen, daß das ihrer Teilhaftigwerden in der Nicht-Zweiheit des Geistigen gründet. Es ist also keine »unio mystica«, sondern »Advaita«, um dieses Sanskritwort zu gebrauchen, das oft fälschlich mit »Nicht-Dualität« übersetzt wird. Hier zeigt sich übrigens, daß es förderlich ist, ein klar unterscheidendes Denken geübt zu haben, um sich nachträglich Rechenschaft davon ablegen zu können, daß die Erfahrung der Transparenz nichts mit dem mystisch-schwärmerischen Unifikationsrausch irrationalen Gepräges zu tun hat. Davon wird nachher noch zu sprechen sein.

Darauf, daß Transparenz keine Lichterscheinung im Sinne hiesig sichtbaren Lichtes ist, gibt es viele Hinweise. So benützt Graf Dürckheim die alte Umschreibung: das »Übernatürliche Licht*«. Das gleiche Wissen bringt Mei-

* Siehe: Karlfried Graf Dürckheim, Durchbruch zum Wesen; früher Niehans, Zürich, 1954; 2. Aufl. Huber, Bern-Stuttgart, 1957; S. 108–119 und 128.

ster Eckhart zum Ausdruck, wenn er schreibt: »Alles was man von Gott zu denken vermag, das ist alles Gott nicht. Was Gott in sich selber sei, dazu kann niemand kommen, er werde denn in ein Licht gerückt, das Gott selber ist*.« Schon der Apostel Paulus weist im ersten Timotheusbrief (6,16) auf den überweltlichen Charakter dieses Lichtes hin, wenn er davon spricht, daß Gott »in einem unzugänglichen Lichte« wohne. Im gleichen Sinne äußert sich auch Angelus Silesius in zwei seiner Vierzeiler (in denen er die manchmal fast ins Blasphemische abgleitende und anmaßende Mensch-Gott-Identifikation vermeidet). Diese zwei Vierzeiler lauten:

»Gott wohnt in seinem Licht,
Zu dem die Bahn gebricht.
Wer es nicht selber wird,
Der sieht Ihn ewig nicht.«

Und der andere:

»Ich selbst muß Sonne sein
Und muß mit meinen Strahlen
Im farbenlosen Meer
Der ganzen Gottheit malen.«

Immer finden wir dort, wo die Befreiung aus dem Gefängnis des mental-rationalen Bewußtseins vollzogen wird, wo wir der »Welt ohne Gegenüber**«, also der transparenten Welt des Ganzen, teilhaftig werden, Umschreibungen, die stets auf den übernatürlichen Lichtcharakter hinweisen, der diesem Ereignis oder dieser Erfahrung die umge-

* Siehe: Meister Eckhart, Breviarium; Inselbuch, Leipzig, o. J.; S. 10. – Vgl. dazu auch: Jean Gebser, Ursprung und Gegenwart; Deutsche Verlags-Anstalt, Stuttgart, 2. Aufl. 1966; S. 316, Anm. 2.

** Siehe: Jean Gebser, »Die Welt ohne Gegenüber« im Sammelband: »Die Welt in neuer Sicht«; O. W. Barth, Weilheim, 1959; Bd. II, S. 5–20; dieser Essay jetzt auch in: Jean Gebser,In der Bewährung; Francke, Bern/München, 1962; S. 119–134.

staltende Prägung gibt. »Nur wenn die Vollkommenheit der *Erleuchtung* erreicht ist, in der alle Farben verschmelzen und im *höchsten Glanze* integriert sind«, dürfte von »Samâdhi« gesprochen werden, schreibt Lama Anagarika Govinda*. Und der Sinn des asketischen Lebens der Mönche vom Berge Athos war es, sich in jene überweltliche Wirklichkeit einzustimmen, die dann erreicht war, wenn es ihnen gelang, des »Unerschaffenen Lichtes« ansichtig zu werden**, jenes »Lichtes« also, das dank seines geistigen Transparenzcharakters ungegenständlich und somit im hiesigen weltlichen Sinne unerschaffen ist.

In diesem Zusammenhange müssen zwei Warnungen erwähnt werden. Es sind Hinweise, die uns der sogenannte Zufall, die Fügung, zuspielte. Sie erhalten zu haben, verpflichtet vielleicht dazu, sie mitzuteilen. Sie betreffen den Vollzug und den Charakter der Transparentwerdung und damit die innere Bereitung und Haltung des einzelnen für den »Durchbruch zum Wesen«; oder um es mit den anderen Umschreibungen auszudrükken: für die »Erleuchtung«, für die »Große Erfahrung«, für die »Große Befreiung«, die im Buddhismus und Hinduismus »Samâdhi«, im japanischen Zen-Buddhismus »Satori« genannt werden. Es handelt sich um die Warnung vor jedweder Absicht, und es handelt sich um die Warnung vor jedweder bewußtseinsmäßiger Regression. Beide dürften besonders für den westlichen Menschen von entscheidendem Werte sein.

Ein Freund von mir, der vor einigen Jahren verstorbene Soziologe *Walther Tritsch*, hatte das Glück, in den dreißiger Jahren sechs Monate lang als Gast – und nicht als Einsiedler – in einem Athos-Kloster leben zu dürfen. Er erzählte mir von der tragischen Komponente des Lebens jener Mönche. Wenn sie das »Unerschaffene Licht« nach jahre-,

* Siehe: Lama Anagarika Govinda, Grundlagen tibetischer Mystik; Rascher, Zürich, 1956; S. 309.

** Siehe dazu auch: Jean Gebser, Ursprung und Gegenwart; a. a. O., 1953; Bd. II, S. 257; bzw. 2. Aufl. 1966, S. 470, Anm. 73.

ja manchmal erst jahrzehntelangem asketischem Einsiedlerleben glaubten »erblickt« zu haben, begannen sie zu zweifeln, ja zu verzweifeln: War es das wahre Licht gewesen, oder war es nur eine gleichsame seelische, phantasmagorische Lichterscheinung, ein, wie sie sagten, vom »Teufel« ihnen vorgegaukeltes Irrlicht, das sie sich infolge ihres unablässigen Bemühens und Wünschens selber suggeriert hatten? Jedwede Evidenz zerrann in Vermutungen.

Wir wissen nicht nur von Jakob Böhme, sondern auch von Sri Aurobindo und von Daisetz Teitaro Suzuki, daß sie dieses »Lichtes«, dieser »Transparenz« oder »Verklärung« spontan – und das will hier besagen: ohne vorangegangene Vorbereitung und Schulung, sondern als urplötzliches Geschehen – »gewahr« wurden. Auf diese Spontaneität legt besonders die Rinzaischule des Zen-Buddhismus, der Daisetz Teitaro Suzuki angehörte, den größten Wert. Freilich: Auch jahrzehntelange Exerzitien und Askese im Kloster können zumindest zur »unio mystica«, möglicherweise zur »Erleuchtung« führen.

Wie dem auch immer sei: Erzwingen läßt sich die »Große Befreiung«, das Gewahrwerden des »Unerschaffenen Lichtes« oder der »Transparenz«, die »Erleuchtung« oder wie immer man dieses Geschehnis nennen will, nicht. Jedwede vorsätzliche Zielgerichtetheit und willensmäßige Anstrengung, selbst die bestgemeinte Absicht sind da Hindernisse. Das will keinesfalls besagen, daß man sich gehen lassen dürfe. Im Gegenteil: Es erfordert charakterlicher, also emotional-vitaler, seelischer und denkerischer Disziplinierung und Souveränität, es bedarf einer unermüdlichen und ausdauernden Arbeit an sich selber, um jene Entschlackung und Läuterung zu fördern, welche weitgehend Voraussetzungen für das Aufgenommenwerden in die Transparenz sind. Die Absicht darf also nicht auf die Transparenz selbst gerichtet sein. Es sollte überhaupt keine Absicht im Spiele sein. Die Transparenz wartet seit je in uns. Sie mit den Mitteln der uns bislang verfügbaren Bewußtseinskräfte, die nicht zu ihr hinüberreichen, »in den Griff« bekommen zu wollen, ist ein aussichtsloses Vorhaben. Unsere Aufgabe ist es, den innersten Grund unseres Wesens gewissermaßen täglich zu jäten, ohne nach der »Großen Erfahrung« zu schielen, um diesen »Durchbruch zum Wesen« vorzubereiten. Und wir dürfen es nicht um unserer selbst willen tun. Obwohl sich diese Erfahrung im einzelnen, im menschlichen Bewußtsein ereignen kann, ist sie doch eine Manifestation des überweltlichen Bewußtseins. Wer ihrer teilhaftig wurde, ist auch der Menschheit verpflichtet: Denn jedes Gran der durch einen Menschen verwirklichten Transparenz intensiviert die geistige Kraft der Menschheit. Dieser alles durchwirkenden Kraft auf der Erde Heimat zu geben, *bewußte Heimat*, ist in der heutigen Weltsekunde von durchaus entscheidender Bedeutung. Sollte die Menschheit den Absturz in die Selbstaustilgung vermeiden, so werden wir dies – sofern es vorgegeben ist – weitgehend jenen zu danken haben, die dieses Dankes weder bedürfen noch ihn wollen, welche absichtslos, unscheinend, aber bewußt die überwirkliche Transparenz verwirklichten. Man wende nicht ein, das alles sei utopisch. Es ist es nicht. Das aus dem Griechischen stammende Wort »utopisch« bedeutet, wörtlich übersetzt: »das, was keinen Ort hat«. Aber ich kenne einige Verehrungswürdige, dank derer die Transparenz im Hiesigen einen Ort gefunden hat.

Eine Stunde, nachdem die letzten Sätze des vorstehenden Absatzes geschrieben worden waren, fand ich für das in ihnen Ausgesagte eine unvermutete Bestätigung in einem mir bislang unbekannt gewesenen Buche Wei-Langs*. Es ist, wie Lama Anagarika Govinda im Vorwort schreibt, die »lebendigste aller Schriften der Ch'an- oder Zen-Literatur«, die von dem sechsten Patriarchen im siebenten Jh. n. Chr. verfaßt wurde. Das zentrale Thema ist die

* Siehe: Wei-Lang, Das Sutra des sechsten Patriarchen; Origo, Zürich, 1958.

spontane, die plötzliche Realisierung dessen, was Wei-Lang die »Geistessenz« (wörtlich die »Selbstnatur«) nennt, welche durchaus dem entspricht, was hier als »Übernatürliches Licht« und als »Transparenz« bezeichnet worden ist. Beim Weiterblättern stoße ich dann auf folgende Ausführungen des Patriarchen: »... diejenigen, die die Geistessenz erfaßt haben..., erreichen Befreiung... und Samadhi, welche sie befähigen, die schwere Aufgabe der Rettung der Welt spielend zu lösen. Dies sind die Menschen, die die Geistessenz verwirklicht haben*.«

Nun wäre noch von einer dritten Warnung zu sprechen. Es gibt im Deutschen eine aufschlußreiche Redewendung, die oft dort gebraucht wird, wo es gilt, zum Ausdruck zu bringen, daß einem etwas klar und bewußt geworden sei. Dann sagt man wohl: »Ja, jetzt ist mir ein Licht aufgegangen.« Es ist keine Verallgemeinerung, wenn wir feststellen, daß sich dort, wo in derartigen Zusammenhängen von Licht gesprochen wird, ein Hinweis auf einen Bewußtseinsvorgang, auf eine Bewußtwerdung zu erkennen gibt. Die Auflichtung und zunehmende Erhellung des Bewußtseins ist ja das entscheidende Phänomen des menschlichen und menschheitlichen Reifens. Wir, die wir erst vor kurzem – abendländisch gesehen vor etwa 2500 Jahren – den Sprung aus dem Traum- ins Wachbewußtsein, aus dem irrationalen ins mental-rationale Bewußtsein vollzogen haben, müssen doppelt achtsam sein, daß die »Große Erfahrung« sich auch tatsächlich in einer »Erleuchtung« des Bewußtseins manifestiere. Mit anderen Worten: Es sollte eine neumalige Erhellung und Intensivierung des Bewußtseins ein-

* Siehe: Wei-Lang, a. a. O., S. 113f. – Übrigens hat D. T. Suzuki auch über Wei-Lang geschrieben; siehe: D. T. Suzuki, Die Zen-Lehre vom Nichtbewußtsein; O. W. Barth, Weilheim/Obb., 1957; dazu sei bemerkt, daß Suzukis Formulierung des »Nicht-Bewußtseins« in keiner Hinsicht mit unserem abendländischen Begriff des »Unbewußten« verwechselt werden darf, obwohl er ihm vordergründig-wissenschaftlich, aber auch dann nur, wenn psychologisch mißverstanden, nahezukommen scheint.

treten, das diesmal nicht aus dem Traum zur Wachheit erwacht, sondern aus der Wachheit in die Überwachheit gehoben wird. Es handelt sich um jenes umgestaltende Geschehen, vermöge dessen sich das Bewußtsein derart steigert, daß es die dem Denken, also die dem rationalen Erfassen gesetzten Grenzen zu überspringen vermag; damit wird es der Transparenz des Ganzen teilhaftig. Es ist die Mutation, also der Sprung aus dem »mentalen« ins »supramentale« (Sri Aurobindo), aus dem »mentalen« ins »nicht-mentale« Bewußtsein (D. T. Suzuki), aus dem, wie wir es, ohne Kenntnis der soeben erwähnten Formulierungen, ausgedrückt haben, »mental-rationalen« ins »arational-integrale« Bewußtsein. Hier wird auch offensichtlich, daß diese heutige Mutation wiederum weltweit ist.

Es wäre nun ein Fehler zu meinen, daß alle die zahlreichen Ausdrücke für die »Große Erfahrung«, die hier namhaft gemacht worden sind, bewiesen, es handle sich um etwas irrational Unklares. Das Gegenteil ist der Fall: Es handelt sich um arational Überklares, das, da es das Ganze meint, nicht durch einzelne Wörter oder Begriffe benannt oder fixiert, sondern nur durch annähernde Umschreibungen angeleuchtet werden kann. Beispielhaft für diese Art des Wahrnehmbarmachens ist Graf Dürckheims Arbeit »Auf dem Wege zur Transparenz«. Der Fülle des Ganzen entsprechend, beschreibt er das Phänomen der Transparenz, indem er von immer neuen Ansatz- und Ausgangspunkten neues Licht darauffallen läßt*. Denn es sei nicht vergessen: Transparenz meint das Ganze. Sie ist keineswegs ein Einheitserlebnis. G. R. Heyer spricht deshalb sehr zu Recht davon, daß man bei den »ganz Großen ... die Gegensätze als für überwunden zu betrachten, und gerade dies als Zeichen des wirklich überragenden Menschen zu nehmen (habe) – als eines, der im ›Letztwirkli-

* Siehe: Karlfried Graf Dürckheim, Auf dem Wege zur Transparenz; in »Transparente Welt«; Festschrift für Jean Gebser, hrsg. von Günter Schulz; Huber, Bern, 1965; S. 228–255.

chen‹ gründet«*. Diese Überwindung der Gegensätze ist gleichbedeutend mit dem Freiwerden von der ausschließlichen Gültigkeit des mental-rationalen Bewußtseins. Nur dies kennt und setzt Gegensätze. Im »Letztwirklichen« – eine andere Umschreibung für »Transparenz« oder »Geistessenz«, »Urgrund« oder »Wesen« – werden sie aufgehoben; sie bilden keine Zweiheit mehr; dort herrscht »Advaita«, die »Nicht-Zweiheit«, die aber keine Einheit ist. (Hier zeigt sich übrigens, daß Phänomene des überweltlichen Bewußtseins bei dem Versuch, sie mental-rational zu definieren – der immer unzulänglich bleiben muß –, durch die negative Formulierung deutlicher werden als durch eine positiv begriffliche Abstempelung. Dies gilt auch für unsere gewissermaßen advaitahafte Formulierung der »Welt ohne Gegenüber«, die keinen Beziehungsverlust zum Ausdruck bringt, wohl aber das beziehungserfüllte Miteinander im Ganzen.)

Vielen bin ich begegnet, vor allem in Indien, die zwar von Samadhi sprachen, wohl auch in der Trance in Samadhi – wie sie es nannten – entrückt worden waren. Sie befinden sich dann in einem bewußtseinsschwachen Zustand irrationaler Art, der mit Erleuchtung wohl kaum etwas zu tun hat. Erleuchtung ist Erhellung des Wachbewußtseins: eine Erfahrung; Entrücktsein ein Eingedunkeltsein: ein Zustand. Es ist zu vermuten, daß überall dort, wo Entrükkung oder Entrücktsein im Spiele sind, die oder der Betroffene in die irrational-mythische, ja selbst in die prärational-magische Bewußtseinsstruktur regredieren (zurückfallen). Das kann ein tiefes Erlebnis sein: eines der geglückten Flucht aus der Wachheit in den Schutz der bewußtseinsschwächeren vegetativen und psychischen Sphäre. Dabei verweist uns die Tatsache der Trance auf die Ichferne, ja auf die Ichlosigkeit der Entrückten, wohingegen die Erleuchtung zur Ichüberwindung und damit in die Ichfreiheit führt.

* Siehe G. R. Heyer, Vom Kraftfeld der Seele; Klett, Stuttgart, 1949; S. 185, Anm. 87; bzw. Kindler-Taschenbuch Nr. 2009, 1964; S. 165, Anm. 87.

Für den westlichen Menschen, soweit er über ein klares Wachbewußtsein und ein unverhärtetes Ich verfügt, dürfte das Zurücksinken in den rauschhaften Zustand des Entrücktseins ein Irrweg sein. Es ist zugleich Verrat seines geistig-seelischen Erbes sowie Verzicht auf Reifung und auf die Überwindung seiner selbst. Da ist statt Überwindung nur Selbstaufgabe. Zudem ist es mißverstandene, defiziente Mystik. Lama Anagarika Govinda verweist auf diese Tatsache in seinem Bericht über die tibetische Mystik, wenn er schreibt, daß sie »nichts mit dem ›mystischen Dunkel‹ ungewisser, individueller Visionen schwärmerischer Gemüter gemeinsam (hat). Sie ist auf geistiger Disziplin begründet, die weder gefühlsmäßigen Überschwang, noch verschwommenes Denken oder ungebändigte Phantasie ermutigt*«. Das ekstatische Moment, das Außer-sich-Sein, hatte einst – für den noch im Traumbewußtsein beheimateten Menschen – seine Gültigkeit. Aber nicht alle sogenannten Mystiker waren ihm unterworfen. Seitdem im Abendlande die rational-pragmatische Verhärtung vorherrschend geworden ist, sieht man in der Mystik nur noch den Ausdruck des unkontrollierbar Irrationalen; daß sie auch mehr – vor allem mehr als die eigene Rationalität – sein könne, dies zu bedenken, läßt die verstandesmäßige Überheblichkeit des westlichen Menschen nicht zu. Doch auch hier bahnt sich heute ein Umdenken an. So haben Graf Dürckheim und Daisetz Teitaro Suzuki sowie kürzlich Shizuteru Ueda** auf die Verwandtschaft des Zen mit der dem Rauschhaften abholden Haltung Meister Eckharts aufmerksam gemacht.

Als ich vor einigen Jahren in Kamakura war, das etwa hundert Kilometer westlich von Tokio am Pazifik gelegen

* Siehe: Lama Anagarika Govinda, Grundlagen tibetischer Mystik; a.a.O., S. 234, Anm. 30.

** Siehe: Shizuteru Ueda, Der Zen-Buddhismus als »Nicht-Mystik« unter besonderer Berücksichtigung des Vergleichs zur Mystik Meister Eckharts; in: »Transparente Welt«; Festschrift für Jean Gebser, hrsg. von Günter Schulz, Huber, Bern, 1965; S. 291–313.

ist, erhielt ich eine Bestätigung für das, was hier über den Charakter der Entrückung und damit auch über die oftmals trancehafte Form des indischen Samadhi gesagt worden ist. Ich besuchte dort im Tokei-Tempel-Bezirk den Zen-Meister Daisetz Teitaro Suzuki. Im Verlaufe unseres Gespräches, das den Charakter einer chinesischen oder japanischen Tuschzeichnung hatte – denn so überaus präzis andeutend und sparsam wie auf ihnen die Tupfen und Striche gesetzt sind, so waren dank Suzukis die Wörter und Sätze–, hatte ich ihm von einer Erfahrung erzählt, deren Zeuge ich wenige Wochen zuvor in Sarnath gewesen war. Da war keine Entrückung zu beobachten gewesen, kein Weggeschwemmtwerden ins Irrationale, kein Weltverlust, wohl aber Überwindung des Mental-Rationalen: arationale Transparenz – und somit jene Bewußtseinsintensität, die das Irrationale genauso wie das Rationale derart integriert hatte, daß sie dem Betroffenen zur Verfügung standen, nicht aber er von ihnen überwältigt werden konnte, da ihre Träger, das Vitale und das Psychische, sich dem Geistigen fügten. Der Zen-Meister hörte intensiv zu, den Kopf gebeugt und mit fast geschlossenen Augen. Dann sah er auf und sagte mit zustimmendem Lächeln: »Nicht irrational, sondern arational; das ist's. Dessen Zeuge Sie waren, das war nicht Samadhi; es war Satori.«

Absichtslose Arbeit an sich selber und das Sichbewahren vor rauschhafter Entrückung können jedwede Vermutung über das »Unerschaffene Licht« in evidente Transparenz verwandeln.

Mit welchen Worten auch immer wir den Einbruch des Göttlich-Geistigen in den Menschen benennen – er ist die große Gemeinsamkeit, welche durch die gleiche geistige Bereitschaft und Haltung in Ost und West ermöglicht werden kann. Dies dürften diese Ausführungen evident gemacht haben. Hier wie dort vollzieht sich die Teilhabe an der Transparenz des Geistigen in ähnlichen Formen; zudem entbehrt sie in zunehmendem Maße des rauschhaften Elementes, was auf die Erstarkung des neuen (supramentalen, nicht mentalen, arational-integralen, immer jedoch zeitfreien) Bewußtseins im Abendlande und in Asien hinweist.

Das neue Bewußtsein

Es dürfte bereits ersichtlich geworden sein, daß die Neuartigkeit des neuen Bewußtseins nicht etwa in einem mißverstanden intellektuellen Mehr-Wissen gründet. Mit Wissen hat das neue Bewußtsein, das seine Prägung durch das Geistige und keineswegs durch das Intellektmäßige erhält, nicht das Geringste zu tun. Wohl aber kann es uns bisher unbegreifliches und undenkbar gewesenes Wissen evident werden lassen; nicht zuletzt auch Zusammenhänge, die wir bisher bestenfalls nur ahnten.

Gerade aus der Problematik heraus, daß das Abendland und Asien keine einander ausschließenden Gegensätze, sondern einander ergänzende Entsprechungen sind (die deshalb sehr wohl eines Tages die gemeinsamen Wurzeln des Ganzen auf *bewußte* Weise wiederfinden könnten), ist es wichtig, diese Bewußtseins-Problematik einmal zusammenhängend in dieser thematisch neuartigen Beleuchtung zu betrachten. Dies um so mehr, als dieser zusätzliche Gesichtspunkt hinsichtlich der neuen bewußtseinsmäßigen Konstellation in der Mehrzahl unserer bisherigen Publikationen noch nicht ausreichend berücksichtigt worden ist, da sie sich vornehmlich bemühten, den Nachweis für den Einbruch des neuen Bewußtseins und für jene seiner Manifestationsformen zu erbringen, die seit einigen Jahrzehnten im Abendlande sichtbar werden.

Für Neuartiges den richtigen Namen zu finden, nämlich die ihm durchaus gemäße und entsprechende Bezeichnung, ist schwierig. Wir haben gesehen, um hier nur zwei Beispiele anzuführen, daß beispielsweise Sri Aurobindo und Deisetz Teitaro Suzuki dem gleichen Phänomen verschiedene Namen gegeben haben. Da sie das neue

Bewußtsein meinen, welches wir als »*a*-rational-integrales« bezeichnet haben, das sich zudem vor allem auch als ein »zeitfreies« erweist, sollen unsere Bezeichnungen, die unserer abendländischen Terminologie gemäß sind, noch kurz einer Betrachtung unterzogen werden.

Was ist unter dem Ausdruck »*a*-rational-integrales und zeitfreies Bewußtsein« zu verstehen? Manche werden sagen, dies seien drei schwierige und unverständliche Begriffe; und ob sie nun darüber Bescheid wüßten oder nicht, wäre letztlich gleichgültig. Wer jedoch der Meinung ist, daß es hin und wieder nicht nur gut, sondern sogar förderlich sei, sich mit einem Problem zu beschäftigen, das die Grundlagen selbst unseres alltäglichsten Lebens (und die unsere Gegenwart mitgestaltende Zukunft) berührt, wird uns zustimmen, daß eine Frage, die unser Bewußtsein betrifft, des Überdenkens wert sei.

Von der Art des Bewußtseins hängt die Art dessen ab, was wir Wirklichkeit nennen. So ist beispielsweise, wie wir gesehen haben, die Wirklichkeit vieler Asiaten (sowie die des Afrikaners, Indios und anderer außereuropäischen Bevölkerungen) eine andere als die unsere, weil sie sich die Welt nicht als ein Gegenüber zu ihrem Ich vorstellen. Diese Vorstellung ist ihnen gar nicht möglich, weil sie selber bestenfalls über ein nur schwach entwickeltes Ich verfügen. Wir dagegen betrachten alles von unserem Ich-Bewußtsein aus. Uns ist die Welt eine greifbare Wirklichkeit, die uns gegenübersteht: hier ich, dort sie, die Welt; und wir glauben, diese Welt mittels unserer »Außen-Technik« verwalten zu können, da wir um unseren Standort in Raum und Zeit wissen, ja wissen müssen, denn ohne diese bewußte Kenntnis wären wir ichlos, ja zeitlos, wie es die Vertreter jener Kulturen sind, die wir soeben erwähnten. Ihr Bewußtsein ist gewissermaßen noch traumhaft; es weiß noch nichts vom Ich und der Zeit; diese Menschen sind zugleich ichlos und zeitlos. Auch wir Europäer waren es einmal. Das ist einige tausend Jahre her. Dann erwachten wir zum Ichbewußtsein, erlangten gewissermaßen ein Wachbewußtsein, mittels dessen wir wach und klar als Ich in der Welt standen und Raum und Zeit als erfaßbare Größen zu betrachten lernten. Dank dieses mentalen und ichhaften Wachbewußtseins konnten wir unsere Wirklichkeit ganz neuartig gestalten: Wir schufen die Philosophie und die Wissenschaft und ermöglichten dadurch die Technik.

Trotz aller sogenannten Fortschritte, die wir machten, trotz aller Leistungen droht uns aber eine von Tag zu Tag größer und offensichtlicher werdende Gefahr. Diese Gefahr besteht darin, daß unsere Ichhaftigkeit zu stark wird, daß sie uns verhärtet, daß sie – und es sei hier nochmals mit allem Nachdruck auf diese Folgen hingewiesen – uns zur Ichsucht, zur Egozentrik degenerieren und uns somit beziehungslos, ja letztlich unmenschlich werden läßt. Viele der Besten spüren, daß diese Entwicklung in eine tödliche Einseitigkeit führt, ja daß sie unsere ganze westliche Kultur bedroht, weil eine derartig exzessive Egozentrik, die der ungezügelten Besitz- und Machtsucht entspringt, in Materialismus und in Rücksichtslosigkeit, letztlich im Verlust des Ahnens um jene Werte endet, die uns übergeordnet sind und von denen Asien letztlich noch immer mehr ahnt, als wir davon wissen. Viele fliehen vor diesen Konsequenzen, indem sie versuchen, in die Zeit- und Ichlosigkeit – ohne sich dessen bewußt zu sein – zurückzutauchen. Falschverstandene Yoga-Schulung soll dann helfen oder der Beitritt zu sektiererhaften oder europäisch mißverstandenen östlichen Gemeinden, in denen jedoch nur mehr die Gemeinde oder der für heilig gehaltene Lehrer etwas gilt, so daß jene, die dorthin fliehen, auf diese Weise ihres Ich verlustig gehen. Noch ärger und gefährlicher als diese Versuche ist jene psychische Seuche, die derzeit durch die von Timothy Leary gepredigte psychedelische Lehre* ausge-

* Timothy Leary/ Ralph Metzner/ Richard Alpert, The psychedelic experience; A manual based on the Tibetan Book of the Dead; University Books, New York, 1964.

löst worden ist. War schon das Eintreten von Aldous Huxley für den Meskalinrausch* eine erste Verfälschung der Glückseligkeits-Erfahrung, so ist das »Psychedelische Experiment« ein Verbrechen an einer Jugend, die guten Willens ist, den Materialismus zu überwinden, deren echte Sehnsucht jedoch durch falsche Mittel fehlgeleitet wird. Denn der Verführer der »Hippies«, der »Blumenkinder«, predigt, daß LSD und andere Narkotika die gleichen Ergebnisse der Selbstbefreiung, Glückseligkeit und Weltüberwindung auslösen, wie sie beispielsweise im »Tibetanischen Totenbuch«** geschildert werden. Dabei scheut er sich nicht, die künstlich durch Narkotika hervorgerufenen Halluzinationen den tibetischen Erfahrungen des Lama Anagarika Govinda gleichzustellen, deren dieser dank jahrzehntelanger innerer Schulung teilhaftig wurde. Diese – um es milde auszudrücken – ans Schimpfliche grenzende Gleichsetzung ist eine pragmatisierende Täuschung, ein materialistischer Betrug. Denn was nur durch Innen-Arbeit und damit durch geistige Zucht erreichbar ist, mündet infolge seelischer Un-Zucht im Verderben statt in der Erleuchtung: Rauschhafte und vergiftete Bewußtseins-Schwächung beziehungsweise -Minderung (also eine Regression) stellt sich ein statt der notwendigen integrierenden Bewußtseins-Intensivierung.

Dies sind, wie uns scheinen will, einige der negativen Versuche, unsere Situation zu überwinden. Sie sind keine Überwindung, sondern eine Unterwindung (oder Regression), weil jene, die diese Wege gehen, sich unter die Fähigkeiten und Möglichkeiten unseres Wachbewußtseins, die wir uns in jahrtausendlanger Arbeit erworben haben, hinunterbegeben.

Aber es gibt noch einen anderen Weg. Er führt durch

* Aldous Huxley, Die Pforten der Wahrnehmung; meine Erfahrungen mit Meskalin; Piper (Piper-Bücherei, Bd. 207), München, 1966; – Die englische Ausgabe erschien Anfang der fünfziger Jahre.

** Siehe: »Das Tibetanische Totenbuch oder Die Nach-Tod-Erfahrungen auf der Bardo-Stufe«; mit Einführung und Kommentar von C. G. Jung; Rascher, Zürich, 1960.

Überwindung der Ichhaftigkeit in die Ichfreiheit. Das will sagen: Er führt in ein neu sich erschließendes, gewissermaßen überwaches Bewußtsein, das frei von Ichlosigkeit und von Ichhaftigkeit ist – ein überwaches Bewußtsein, das Ichlosigkeit und Ichhaftigkeit bewußt integriert. Damit aber, so dies durch den einzelnen geleistet wird, geschieht etwas sehr Bedeutsames, ja etwas Rettendes: Unser Bewußtsein und damit unsere Wirklichkeit gewinnen eine bisher kaum für möglich gehaltene Lebensfülle und Lebensreichtum. Denn ein Mensch mit derartigem integralem Bewußtsein ist nicht mehr von seinem Ich abhängig, nicht das Ich mit seinen Süchten verfügt über ihn, sondern er verfügt frei über sein Ich. Damit aber wird die Welt des Gegenüber mit ihren Gegebenheiten von Raum und Zeit zu einer Welt ohne Gegenüber*, also zu einer Welt des Miteinander und zu einer Welt der Teilhabe an dem, was, wie das Göttliche oder das Geistige, nicht an Raum und Zeit gebunden ist, weil es von sich aus raum- und zeitfrei ist. Gelingt es uns, sowohl die Ichlosigkeit als die Ichhaftigkeit zu überwinden, indem wir sie beide bewußt integrieren, so gestaltet sich unser mentales Wachbewußtsein ichhafter Art um in ein integrales überwaches Bewußtsein ich- und zeitfreier Art. Das aber bedeutet: Überwindung der tödlichen Gefahr, die unserer Kultur heute droht: daß wir nämlich an Ichverhärtung, Zeitabhängigkeit und Materialismus zu Grunde gehen.

Bei diesem Konzept des »integralen, zeitfreien Bewußtseins« handelt es sich weder um eine Utopie, noch um eine Illusion, noch um ein idealisierendes Wunschdenken, sondern es stellt im Gegenteil eine gewissermaßen reichere Wirklichkeit dar und umreißt sie. Diese neue Wirklichkeit wird heute, dank des Durchbruchs dieses neuartigen Bewußtseins, auf allen Gebieten sowohl bei uns als auch in Asien sichtbar. Wie alles Neuartige wirkt

* Siehe dazu auch ausführlicher: Jean Gebser, In der Bewährung; Zehn Hinweise auf das neue Bewußtsein; Francke, Bern/München, 1962; S. 119–134, Kap. IX: »Die Welt ohne Gegenüber«.

es zuerst äußerst befremdend – ist aber zugleich eine konsequente Ausgestaltung unserer bisherigen Bewußtseinsmöglichkeiten: ist ein geistiges Geschehen, das schmerzhaft ist und das, so es bewußt nachvollzogen wird, die Gewähr in sich trägt, daß wir und die Welt und die Menschheit einer neuen Wirklichkeit positiver Art entgegengehen.

Freilich dies auch nur als Möglichkeit in Betracht zu ziehen, wird nicht allen leichtfallen. Um es zu können und um so klarzusehen, wie es unsere katastrophenschwangere Weltstunde erheischt, muß man sich zuvor von Vorurteilen befreien und von irrig gewordenen Denkgewohnheiten. Voraussetzung dafür ist, daß wir uns selber durchsichtig werden, daß wir das Mitwirken der uns mitkonstituierenden archaischen, magischen und mythischen Strukturen akzeptieren und nicht nur der mental-rationalen ausschließliche Gültigkeit zusprechen. Um die Klarheit zu erlangen, die souverän die lebensnotwendigen Wirkweisen all dieser Strukturen zu durchsehen vermag, ohne weder in defizient magischen Aberglauben oder Verzauberung zurückzufallen, noch in defizient mythisches Träumen oder Irrationalisieren abzusinken, dafür bedarf es gerade dessen, wozu keiner unbedingt bereit ist: der Arbeit an sich selber. Die notwendige Änderung der Welt und der Menschheit wird keinesfalls durch Weltverbesserungsversuche erreicht; die Weltverbesserer drücken sich mit ihrem Kampfe für eine, wie sie meinen, »bessere Welt« vor der Aufgabe, sich selber zu bessern; sie betreiben das übliche, zwar menschliche, aber doch betrübliche Spiel, von den anderen zu fordern, was zu leisten sie selber zu bequem sind; aber die Scheinerfolge, die sie erzielen, entlasten sie nicht davon, Verrat nicht nur an der Welt, sondern auch an sich selber begangen zu haben. Natürlich haben es jene schwer, die noch ausschließlich aus der mental-rationalen Voraussetzung und Einstellung ihr Leben zu gestalten und zu meistern versuchen. Die jüngeren Generationen werden es bereits leichter haben, das neuartige Bewußtsein, das wir als ein aperspektivisches, aber auch als arationales und integrales bezeichnet haben, zu realisieren. (Die verschiedenen, aber das gleiche anpeilenden Bezeichnungen ergeben sich aus dem jeweiligen Bereiche, aus dem heraus das neue Bewußtsein in die Durchsichtigkeit oder Transparenz gehoben wird.) Denn diese Generationen wurden bereits in das Klima des heute zum Durchbruch gelangenden neuartigen Bewußtseins hineingeboren.

Diese Feststellung macht es nötig, noch auf zwei Themata einzugehen. Die hier gebotene Kürze erschwert es zwar, dies durchzuführen. Trotzdem sei es versucht. Die beiden Themata, die bisher nur einseitig rational betrachtet wurden, sind der heute gültige Entwicklungsbegriff sowie die bisher als nicht zulässig erachtete Gegebenheit einer dem Menschen übergeordneten Bewußtseinsstruktur, der integralen.

Die Feststellung, die jüngeren Generationen würden bereits in das Klima der neuen Bewußtseinsstruktur hineingeboren, setzt eine neuartige Betrachtungsweise dessen voraus, was unter Entwicklung zu verstehen ist, sowie die Anerkennung der Tatsache, daß das neue Bewußtsein sich *von sich aus* in Mensch, Welt und Zeit manifestiert, indem es in ihnen transparent wird. Solange man dem darwinistischen Entwicklungsgedanken huldigt, also von der hergebrachten und irrig gewordenen Denkgewohnheit nicht absehen kann, daß Entwicklung nur ein Vorgang oder Prozeß sei, der gewissermaßen einspurig, zweckgerichtet und fortschrittlich auf ein Ziel hinstrebt, solange man dieser pragmatisch-finalen Definition ausschließliche Gültigkeit und Wertigkeit zuspricht, ist die Annahme, eine Generation könne in das heute zum Durchbruch gelangende Bewußtsein »hineingeboren werden«, nicht möglich.

Wenn wir uns von dem einseitigen darwinistischen Evolutionsbegriff nicht frei machen und andere Formen des

Geschehens, die es natürlicherweise geben muß, nicht in Betracht ziehen, bleiben wir in der rational postulierten Zielgerichtetheit des Geschehens und somit in einer rationalen Sackgasse stecken. Aus diesem Grunde gaben wir dem ersten Bande beziehungsweise Teile unseres Buches »Ursprung und Gegenwart« den Untertitel »Beitrag zu einer Geschichte der Bewußtwerdung« und sprachen nicht etwa von einer Entwicklung des Bewußtseins. Geschichte ist Geschehen; Entwicklung ist nur ein rationalisierter Teilaspekt des Geschehens und somit auch dessen Einengung. Das Sichtbarwerden des neuen Bewußtseins ist keine Station auf dem Wege zu einer zielgerichteten, sogenannten Höherentwicklung, sondern einerseits Anreicherung und Intensivierung des menschlichen Bewußtseins sowie die Antwort unserer Bewußtheit auf das in uns transparent werdende, uns bisher übergeordnete integrale und geistige Weltbewußtsein, das auf die jeweils mögliche Art während der letzten Jahrtausende in einigen wenigen schon immer (vorausgenommene) Gegenwart war und mit seiner unsichtbaren Strahlkraft das Überleben der Menschheit ermöglicht hat.

Es gibt kein einseitiges (in nur eine Richtung zielendes) Geschehen, wie es der darwinistische Entwicklungsbegriff präjudiziert. Ein derartiges Geschehen zu akzeptieren, ist nur dem einseitig anthropozentrischen, final materiellen und pragmatischen sowie hybrid-rationalen Denken möglich. Geschehen, jedes Geschehen, ist stets ein polarer Vorgang, kein zielgerichteter. Der für uns sichtbare Teil des Geschehens ist der notwendige Pol zu dem uns unsichtbaren Geschehen; dieses erschöpft sich freilich nicht in triebmäßigen oder seelischen Auslösern, sondern hat seine Quelle in jenem Bereich, von dem wir Abendländer uns weitgehend abgenabelt haben, während dem Asiaten, soweit er nicht marxistisch ver-ideologisiert worden ist, dieser Bereich noch immer eine stets wirksame Wirklichkeit geblieben ist, welche mit der Feststellung, es handele sich dabei nur um eine »religiöse« Bindung, durchaus ungenügend umschrieben wäre. Dieses uns unsichtbare Geschehen aktiviert in uns das latent seit eh und je in uns schlummernde neue Bewußtsein. Evolution ist so gesehen eine Herausbildung (e = ex, volvere = kreisen, bilden) neuartiger, bislang latent gewesener Bewußtseinskräfte des Menschen, die durch die korrespondierende, ergänzende *Involution* der integralen Komponente des Weltbewußtseins ausgelöst wird: Der Hineinbildung (in = hinein) des geistigen Weltbewußtseins in die irdische Sphäre antwortet erwachend sein anderer Pol: die Bereitschaft unseres Bewußtseins dafür, daß sich in der gegebenen Weltstunde die integrale und zeitfreie Bewußtheit aus uns herausbilde.

Darauf, daß das »geistige Weltbewußtsein« den Pol zu unserer Bewußtheit darstelle, daß unsere neu sich herausbildende Bewußtseinsstruktur eine Antwort auf den »Weltgedanken« (beziehungsweise auf das »Weltbewußtsein«) sei und keinesfalls hegelianisch mißverstanden werden darf, haben wir bereits früher hingewiesen*, desgleichen auf den Involutions-Vorgang als solchen**. Es war Sri Aurobindo, der diese polare, unsere Bewußtheit ergänzende Konstellation als »Involution« bezeichnet hat.

Wer durch die klärende Arbeit an sich selber seine Bewußtheit so läuterte, intensivierte und bereitete, daß sie sich die integrale anreichern konnte, lebt in der Teilhabe mit dem Weltganzen. Aus dieser hier und dort sich heute realisierenden Teilhabe, welche die integrale Bewußtheit zur Voraussetzung hat, kann die Gesundung unserer Welt und der Menschheit erfolgen. Es wird auf einige

* Siehe: Jean Gebser, In der Bewährung; Francke, Bern/München, 1962; S. 120, 132, 151, Kap. X: »Forderungen unserer Zeit«; siehe auch in: »Die Welt in neuer Sicht«, den dritten Abschnitt in dem Beitrag von Jean Gebser: »Die universale Evidenz«; O. W. Barth, Weilheim/Obb., 1959; Bd. II, S. 110–114.

** Siehe dazu: Jean Gebser, Ursprung und Gegenwart; Deutsche Verlags-Anstalt, Stuttgart, 1949/53; u. a. Bd. II, S. 382; bzw. 2. Auflage 1966, s. 545 u. ö.

wenige ankommen, die in unseren Tagen und Jahren bereits bewußt dieses Geschehen vollziehen und damit neuartigen Kräften die geistige Auswirkung in Mensch, Welt und Menschheit ermöglichen.

Abendländische Wandlung

Vom Werden der Wissenschaft

Was heute Wissenschaft genannt wird, ist etwas verhältnismäßig Neues. Die Technik und angewandte Mechanik sind sogar ausgesprochen junge Betätigungsgebiete des menschlichen Geistes. Zwar haben schon die ältesten uns bekannten Völker Sternkunde getrieben, und die Ägypter haben großartige Bauten wie die Pyramiden gebaut; die geistige Arbeit aber, die diese Werke ermöglichte, hat nichts, nicht das geringste mit dem zu tun, was heute Wissenschaft genannt wird. Das Weltbild der Ägypter, und was noch ausschlaggebender ist: Die Beziehung des Ägypters zur Welt war (obgleich sich in ihr erstmals eine materialistische Komponente zu erkennen gibt) eine von der unseren grundaus verschiedene. Wenn es auch sehr interessant ist, sich mit diesen Fragen zu befassen, so muß doch hier darauf verzichtet werden, weil sie zu weit von dem eigentlichen Thema wegführen würden. Gesagt kann nur werden, daß man als Grundlage jenes Weltbildes oder jener Weltbeziehung das Fühlen betrachten darf, und ein Handeln, das im stärksten Maße von dem Fühlen der natürlichen Beziehungen, die in der Welt herrschen, bestimmt wurde.

Würde unsere heutige Zeit ausschließlich von einer solchen Einstellung zur Welt aus handeln, so sähe diese grundverschieden von der jetzigen aus. Daß dem nicht so ist, daß wir das sind, was wir heute zu sein glauben: nämlich denkende Menschen, welche die Natur bis zu einem gewissen Grade dank des Verstandes beherrschen, – dies verdanken wir den Griechen.

Die Griechen sind im eigentlichen Sinne des Wortes, oder doch in dem Sinne des Wortes, den die heutige Zeit ihm beimißt, die Erfinder der Wissenschaft. Und einer der ersten Wissenschaftler (der erste Physiologe), der am Beginn der geschichtlich von uns überschaubaren Vergangenheit in Erscheinung trat, war der griechische Arzt Alkmaion von Kroton. Er lebte um das Jahr 500 vor Christus.

Was mag es gewesen sein, das diesen Menschen bewog, sich eines Tages vorzunehmen, Untersuchungen anzustellen? Man muß sich mit aller Deutlichkeit seine Situation vorstellen: Um ihn herum eine Menschheit, die noch gänzlich im alten Götterglauben befangen war, der die Natur durchaus kein Rätsel, sondern etwas selbstverständlich Gegebenes bedeutete, mit welcher man lebte, die man atmete und deren Wesen man selbst noch in den »toten Dingen«, wie einem Steine, als beseelt empfand. Es gab noch gar nicht die Frage: »Warum?«, so wenig wie sie heute in Asien existiert, das sich, grob gesprochen, auf jener Stufe erhalten hat, welche ein halbes Jahrtausend vor unserer Zeitrechnung die des griechischen Menschen war. Alkmaion aber wagte zu fragen; als allererster wagte er die Frage nach dem »Warum« zu stellen, die heute jedem europäischen Kinde nicht nur geläufig, sondern natürlich ist, die aber einem javanischen, indischen oder chinesischen Kinde ganz fremd, ja gänzlich unbegreifbar wäre.

Es soll hier dieses ganze Problem nicht noch komplizierter gemacht werden, als es ohnehin schon zu sein scheint, indem wir uns womöglich fragen: »Warum fragte Alkmaion plötzlich nach einem Warum, warum wollte er nun plötzlich wissen?« Die Feststellung mag genügen, daß er es tat, denn dies ist das Wichtigste für die Verfolgung unserer Gedankengänge.

Was aber tat Alkmaion? Er machte Gehirnuntersuchungen! Er sagte: Das Gehirn spielt die ausschlaggebende Rolle im Denken, das Gehirn ist es, welches den beseelten Körper regiert. Vorher hatte kein Mensch sich darum gekümmert, niemand wäre auch nur auf den Gedanken gekommen zu fragen, welche Rolle der Kopf im menschlichen Leben spiele. Das Zentrum des menschlichen Wesens glaubte man in der Zwerchfellgegend: 200 Jahre früher, als Homer seine großen Epen schrieb, war es durch ihn gesagt worden: Die Seele sitzt im Zwerchfell. Dieser Resonanzboden der Atmung und damit auch jeder Bewegung, die wir ausführen, konnte einem unwissenschaftlichen Griechen sehr wohl als der zentrale Sitz jenes Organes oder jener Wesenheit erscheinen, dank derer er die Welt und alles, was ihn umgab, fühlte. Dann aber kam Alkmaion und zerlegte ein Gehirn und wies nach, daß es der Verstand sei, der uns regiere. Denn darauf muß die Betonung gelegt werden: Seit Alkmaion ist es der Verstand und nicht mehr das Gefühl, vermittels dessen wir die Welt zu erkennen meinen.

Alkmaion war ein Freund des Pythagoras, jenes großen griechischen Weisen, dessen Lehren sich unauslöschlich in die Geistesgeschichte der Menschheit eingegraben haben. Er glaubte an eine Art Seelenwanderung, an das, was man in Asien die Reinkarnation nennt. Und nun erlebt man das wirklich Herzbewegende, zu sehen, wie jene Männer jenen Glauben auch verstandesmäßig untersuchen wollten. Da die Reinkarnation mit der Geburt zusammenhängt (sie ist eine Wiedergeburt), so untersuchte Alkmaion auch die Geburtsvorgänge und wurde zum ersten embryologischen Forscher.

Seit ihm sind also das Leben und die Natur keine Gegebenheiten mehr, die man einfach akzeptiert, weil man fühlend um sie weiß, sondern sind Dinge geworden, die man begreifen will und untersucht, um die man wissen und deren Wie, Wo und Warum man kennen will. Seit jener Zeit wird diesem Bedürfnis entsprechend das Handwerkszeug jedes wissenschaftlichen Verfahrens, die Mathematik, ausgebaut. Schon die Pythagoräer waren große Freunde der Zahlen. Später kamen dann Archimedes und Euklid, der die erste abendländische Mathematik schuf; es kam Ptolemäus. Mehr und mehr wurde alles auf die Zahl bezogen, auf die Summe: Das Münzwesen wurde ausgebaut, um im römischen Reiche seine erste große Blüte zu erreichen. Und in der Zwischenzeit wurde das Denken, das verstandesmäßige Denken, die Logik vervollkommnet. Platon ist der erste große Rationalist, das heißt, der erste ausgesprochene Verstandesmensch des Abendlandes, ja der ganzen Welt. Sein philosophisches System, das natürlich noch viele archaische Züge trägt, wurde zum Vorbild des europäischen Denkens und von seinem Schüler Aristoteles noch stärker in dieser verstandesmäßigen Richtung ausgebaut. Es entstanden mit der Zeit die ersten »Maschinen«, d. h. es wurden Werkzeuge hergestellt und Bauten errichtet, deren Konstruktion einer Überlegung entsprang, und die nicht, wie in den alten Zeiten, eine bloße Nachahmung offensichtlicher Naturvorgänge waren. Ein Beispiel dafür sind die bachähnlichen Bewässerungsanlagen und deren Kanalsystem am Nil im Gegensatz zu den Aquädukten, wie sie später die Römer bauten. Gleichzeitig machte die bewußte Medizin gewaltige Fortschritte: Schon Hippokrates, der etwa 50 Jahre nach Alkmaion lebte, stellte systematische Untersuchungen über den Einfluß des Klimas und der Jahreszeiten auf den Menschen an und beschrieb die einzelnen Krankheiten, um die Möglichkeit zu ihrer wissenschaftlichen Erforschung zu geben. Galenus, der spätrömische Arzt, führte diese Tradition fort.

Das Jahr 500 v. Chr. ist, wenn man schon genaue Daten setzen will, das Geburtsjahr des abendländischen, des europäischen Menschen, und damit das der abendländischen Wissenschaft. Heute überschauen wir das. Vielleicht weil wir selber an einer ähnlichen Wende der Entwicklung des menschlichen Geistes stehen wie damals die Griechen?

Das Jahr 1500

Das Werden der Wissenschaft, wie es vorstehend kurz skizziert wurde, ist zugleich eine Darstellung der Entwicklung des menschlichen Denkens. Die Menschen haben nicht immer auf die Art und Weise gedacht, wie wir heutzutage denken. Damit soll nicht gesagt sein, daß sie über verschiedene Gegenstände zu verschiedenen Zeiten nicht anderer Meinung gewesen wären. Das waren sie natürlich. Darüber besteht kein Zweifel. Aber diese verschiedenen Meinungen sind lediglich Unterschiede der Auffassung, nicht aber Unterschiede des Denkprozesses als solchem.

Was mit dem Begriff Denkprozeß oder Denkvorgang gemeint ist, läßt sich leicht einsehen, wenn man die Art betrachtet, wie die verschiedenen Kulturen zu einer Anschauung über die Welt kamen. Ein Chinese zum Beispiel, – und heute darf man ja endlich auch von dem Chinesen als einem Menschen sprechen, der jeden etwas angeht, da die Frage nach dem Ausgang des chinesisch-japanischen Krieges auch für jeden einzelnen Europäer von lebenswichtiger Bedeutung geworden ist, – ein Chinese also, wenn er ein philosophisches System aufstellte, dachte über die Welt nach, die er fühlte, und schuf aus einem ungetrübten inneren Gefühl, aus dieser Weisheit heraus seine Philosophie. Es war gewissermaßen ein intuitives Denken, das man durchaus nicht als gefühlsmäßiges bezeichnen darf, da wir dazu neigen, mit dem Worte »gefühlsmäßig« ein unbeherrschtes, unkontrollierbares, wunsch- oder triebmäßiges Wollen zu verbinden. Wenn dagegen ein Europäer ein philosophisches System aufstellte, dann verließ er sich durchaus nicht mehr auf das von ihm beargwöhnte Gefühl, sondern hielt sich so stark wie irgend möglich an den Verstand. Er nahm seine Zuflucht zu dem verstandesmäßigen Wissen, das seine Zeit von der Welt und über die Welt hatte. Er ging also nicht von dem innerlich Gewußten aus, sondern von dem Bewiesenen. Er stützte seine Thesen nicht auf die Eingebungen des Herzens, sondern auf die Beweise, welche ihm die Wissenschaften boten. Sein Denken ist verstandesmäßiges, logisches Denken.

Bis zu der Renaissance hielt sich nun im Abendlande intuitives und verstandesmäßiges Denken ungefähr die Waage. Aber, wie wir schon sahen, bereits bei Alkmaion, später bei Platon und bei Aristoteles, lag mehr und mehr der Akzent auf dem Verstandesmäßigen. Übergehen wir jetzt die ersten vierzehn christlichen Jahrhunderte, in denen sich ein starker Kampf zwischen diesen zwei verschiedenen Arten des Denkens abspielt (von denen ein jeder sich eine Vorstellung machen kann, wenn er nur an die Gnostik einerseits und an die ersten nordeuropäischen Epen andererseits denkt), so finden wir uns im Ausgang des fünfzehnten Jahrhunderts plötzlich einer Bewegung gegenüber, welche mit ungeheurer Wucht in Erscheinung tritt und einer wahrhaften Revolution gleichkommt. Es ist die Renaissance. Die meisten verbinden mit diesem Worte eine Erinnerung an die Kunstgeschichte, an die großen Maler jener Zeit wie Tizian, Michelangelo, Leonardo da Vinci, um nur die wichtigsten zu nennen. Gerade der letztere, Leonardo da Vinci, ist aber der Prototyp des europäischen Menschen: ein Universalgeist, der dem wissenschaftlich-verstandesmäßigen Denken zum endgültigen Siege verhalf und damit zum eigentlichen Begründer des europäischen Denkens wurde, während man Alkmaion eher als den des allgemein-abendländischen bezeichnen kann. Leonardo aber erfand die Perspektive. (Daß Paolo Uccello sie ahnend und andeutungsweise in seinen Bildern vorwegnahm, spielt hier keine Rolle, so wenig es eine Rolle spielt, daß man die eigentliche Geburt des Abendlandes auch in die Entstehungszeit der Ilias zurückverlegen könnte, weil dort das zum Durchbruch kam, was überhaupt erst die Möglichkeit für die neuartige Fragestellung des Alkmaion und der großen Ionier ergab: die Bewußtwerdung des Menschen. Auf die ausschlaggebende Rolle des in den Anfangsversen der Ilias rühmend besungenen Zornes, der im Unterschied zur Wut als heiliger Affekt zu einer Konzentrierung der seelischen Kräfte und damit zu einem Seiner-selbst-inne-Werden, zu einem Sich-seiner-selbst-bewußt-Werden führt, ist merkwürdigerweise in diesem Zusammenhang noch niemals hingewiesen worden. Darüber sowie über den anderen bemerkenswerten Umstand, daß zur fast gleichen Zeit wie in der Ilias [um 900 bis 800 vor Christus] im Orient der Zorn in einem anderen Heldengesang, der Bhagavadgita, die gleiche Rolle spielend, doch zu einer anderen Bewußtseinshaltung führte, darüber wird an anderem Orte zu sprechen sein). Kommen wir also auf Leonardo da Vinci zurück. Er, so sagten wir, erfand, ja wandte als erster bewußt die Perspektive an. Das aber bedeutete, daß die bis anhin mehr lineare Weltvorstellung plötzlich eine vom menschlichen Verstande abhängige Tiefe erhielt. Es war die Überwindung, die Sprengung des Raumes. (Und es eröffnete sich somit zugleich auch eine Tiefensicht in die Unendlichkeit des Raumes, da ja, in letzter Konsequenz, der perspektivische Punkt immer auf Unendlich gerichtet steht.) Das Denken hatte eine neue Richtung, eine neue Möglichkeit erhalten. Es ist kein Zufall, daß zur gleichen Zeit Kolumbus Amerika entdeckte. Auch dies war eine Überwindung des Raumes, eine Sprengung der antiken Vorstellung von der räumlichen Beschaffenheit der Welt. Und nach diesen beiden Ereignissen, die kurz vor dem Jahre 1500 stattfanden (wobei wir nur die zwei wichtigsten ins Auge fassen, denn unter anderen gehört auch die Erfindung des Buchdrukkes hierher), setzt nun von allen Seiten ein Vorstoß ins Räumliche ein: Der Verstand überwindet den Raum, und was dem Verstande an Tiefe mangelt, vergleicht man ihn mit dem Gefühl und der Intuition, das gleicht sich durch die räumliche Weite, die er nun zu beherrschen lernt, einigermaßen aus. Denn es kommt Kopernikus, der den Himmel sprengte, es kommen Kepler und Galilei. Dieser stellt als erster die These auf, die für alle wissenschaftliche Arbeit bis auf den heutigen Tag richtung- und maßgebend geblieben ist: »Alles messen, was meßbar ist, und alles meßbar machen, was es noch nicht ist.« Es ist die verstandesmäßigste Eroberung der Welt, die es bisher je gegeben hat und aus der die Technik unserer Zeit hervorging, auf Grund derer der Europäer sich einbildet, die Natur zu beherrschen. Dinge, die man nicht sehen konnte, werden nun plötzlich sichtbar, in dem Moment, da Galilei im Jahre 1609 in Venedig zum ersten Male ein Teleskop auf den Hafen richtet und dort Schiffe sieht, die mit dem bloßen Auge nicht erkennbar waren. Also auch hier, wie überall seit jener Zeit, eine Überwindung des Raumes, über welchen der Verstand zum Meister und Herrscher wird. Selbst die räumlichen Gesetze des menchlichen Organismus erhalten nun ihren Entdecker, da der große englische Arzt Harvey den Blutkreislauf entdeckt. Und so könnte man Seiten und Seiten füllen mit der Aufzählung der Entdeckungen und Erfindungen, in denen der auf die Erforschung der Natur gerichtete Verstand immer größere Fortschritte machte. Und man könnte Seiten und Seiten füllen mit den Auswirkungen dieser Forschungen, wie sie uns in den philosophischen Systemen der europäischen Denker entgegentreten.

Man kann nun einwenden: Das ist ja alles ganz interessant, aber ist es nützlich? Der Nützlichkeitsstandpunkt ist im heutigen Menschen so vorherrschend, daß er gar nicht mehr auf den Gedanken zu kommen scheint, ja, daß er fast nicht mehr auf den Gedanken kommen kann, es gäbe auch noch etwas anderes und womöglich Wichtigeres als den Nutzen. Freilich, mit solchen Überlegungen kann man kein »Geld machen«. Dank ihrer wird man kaum mehr oder weniger zu essen haben. Und das ist schließlich gar nicht so unwichtig. Aber genausowenig unwichtig ist es, sich einmal den Kopf darüber zu zerbrechen, in welcher Lage sich unsere heutige Zeit eigentlich befindet. Es gibt Autos, aber kein Benzin für sie; es gibt Getreide in Argentinien und Kaffee in Brasilien, aber keine Schiffe für ihren Transport, und es gibt Interessenten, die unter einem gewissen Preis diese Waren gar nicht verkaufen wollen. Ja, das wäre des Krieges wegen. Aber: warum dieser Krieg? Und was hat schließlich dieser Krieg mit Alkmaion, der Denkart der alten Griechen, Chinesen oder dem fünfzehnten Jahrhundert zu tun? Dies alles sind sehr berechtigte Fragen, die geradezu dazu auffordern, eine Antwort auf sie zu versuchen. Über eines jedoch muß man sich klar sein: Wir verfallen alle in den Fehler, im Zeitalter der Spezialisierung nur immer Teilgebiete zu betrachten, und vergessen das Ganze zu sehen. Darüber hinaus glauben wir so sehr nur an das, was wir vor Augen haben, daß das Vergangene, das ja in jedem einzelnen wirkt, darüber außer acht gelassen wird. Leonardo da Vinci hat mehr mit der heutigen Krise zu schaffen als irgendein beliebiger Herr X unserer eigenen Tage. Wer nicht die Zusammenhänge überschaut, und sei es auch nur die seines eigenen Lebens, der wird niemals zur Klarheit kommen und stets unzufrieden sein. Wieviel mehr gilt dies aber in bezug auf die Entwicklung ganzer Zeitalter! Und da das unsere sich so chaotisch anläßt, sollte man sich die Zeit nehmen zu sehen, wie es wurde, dann kann man auch den einzuschlagenden Weg wählen, oder doch wenigstens jenen Weg, von dem man annehmen kann, er sei der wünschbare.

Das Jahr 1900

Wir haben gesehen, wie die Wissenschaft zu dem wurde, was wir heute in ihr besitzen: zu einem Instrument, um die Welt zu begreifen (wobei wir dem Worte »begreifen« ruhig seinen ursprünglichen Sinn zugestehen dürfen, der ein »Greifen«, Betasten, ein In-die-Hand-Nehmen ist). Die Wissenschaft wurde die stärkste Waffe im Kampfe mit der Natur und gegen die Natur, verhalf zu ihrer Umgestaltung, Ausbeutung und teilweisen Beherrschung. So wenigstens glaubten es unsere Väter. Dies alles wurde ermöglicht durch die Anwendung mechanischer Gesetze auf die »leblose« Natur, durch die Bereicherung, die das Denken des Europäers erhielt dadurch, daß er Herr des Raumes wurde: Er entdeckte die Erde (Kopernikus, Kepler), er entdeckte seinen eigenen Organismus (Harvey). Er war mit einem Male imstande, alle diese Dinge zu messen: Er bewältigte den Raum. All seine Anstrengungen gingen auf dieses Ziel hin. Andere Ziele waren fast nebensächlich geworden. Andere Möglichkeiten wurden vernachlässigt. Die Folge war ein ständig wachsender Materialismus, der Glaube, daß nur das Meßbare, Bewiesene und vom Verstande Begriffene Wirklichkeit sei. Zwar erreichte die technische Vervollkommnung einen Höhepunkt, das Seelische aber erlitt beträchtliche Einbußen: Der Glaube an die Wissenschaft verdrängte den Glauben an alles nicht rein Verstandesmäßige; er verdrängte allmählich den Glauben an Gott oder doch jenen an die Religion und den an die Existenz einer Seele. Das ging so weit, daß selbst noch heutigen Tages das Wort »Seele« einen anrüchigen Beigeschmack für viele Menschen besitzt, weil die Seele etwas Unfaßbares, Ungreifbares, Unbeweisbares ist. Die Welt war damals, zur Blütezeit des Materialismus, aufgespalten in die Gegensätze, die einander bekämpften. Die »reine Wissenschaft« beschäftigte sich mit der Materie und überließ den anderen, gewissermaßen unreinen Wissenschaften die belächelte Sorge um das Unbeweisbare. Der Raum, den wir sehen, fassen, messen können, hatte die Herrschaft über den abendländischen Menschen gewonnen. Soundsoviel Kubikzentimeter Gehirnmasse in dieser oder jener Anordnung produzierten Gedanken, aber diese derart produzierten Gedanken brachten durchaus kein paradiesisches Gefühl, kein sorgenfreies Leben über die Menschheit. Das aufgerichtete Weltgebäude entbehrte gewiß nicht der Großartigkeit, ja der Größe. Der Mut des damaligen Menschen, sich mit dieser einseitigen Raum-Überzeugung, sich mit diesem einseitigen Glauben an den Raum den Erscheinungen der Welt und des Lebens gegenüberzustellen und sich dank dieses Glaubens zu verteidigen, ist ohne jeden Zweifel eine der Großtaten des menschlichen Verstandes.

Wie immer, wenn eine bestimmte vorherrschende Überzeugung innerhalb eines Kulturkreises auf der Höhe ihrer Macht steht, wie es für den Materialismus im vergangenen Jahrhundert der Fall war, regt sich naturnotwendig eine Gegenströmung. Wir finden diese im Abendlande bereits bei Spinoza und Leibniz, den Philosophen, einsetzend. Dann kommt, abgesehen von den romantischen Dichtern, G. C. Carus, es kommen Schopenhauer und andere. Sie alle bereiteten die Möglichkeit für jene Revolution vor, die sich um die Jahrhundertwende in den vollständig materialistisch gewordenen Wissenschaften abspielte.

Natürlich ist das Jahr 1900 genauso wie das Jahr 1500 ein etwas willkürliches Datum. Ereignisse von der Tragweite, wie sie um diese beiden Jahrhundertwenden stattfanden, lassen sich nicht auf ein bestimmtes Jahr fixieren.

Der Zweck der folgenden Ausführungen ist unter anderem, eine Verbindung zwischen Wissenschaft und Alltag zu ermöglichen. Da wir wissen, was der Alltag ist (jedenfalls nehmen wir an, es zu wissen), so war es nur nötig, einmal aufzuzeigen, was Wissenschaft war und wozu sie wurde. Es bleibt uns noch zu sehen, was sie heute ist. Die verschiedensten Gebiete des europäisch-amerikanischen wissenschaftlichen Lebens müssen betrachtet werden. Bevor wir aber an die Sonderbehandlung einzelner Themen gehen, muß eine prinzipielle Frage abgeklärt werden.

Wenn jemand über irgendein Thema schreibt, so ist vorauszusetzen, daß er, wenn er zu schreiben beginnt, weiß, welches die Grundidee ist, die sich aus seinen Darstellungen ergeben wird. Handelt es sich um eine philosophische Abhandlung, so wird der Autor gut daran tun, in fast mathematischer Weise seine Gedanken zu entwickeln, so daß einer aus dem anderen folgerichtig hervorgehe und sich zum Schluß das ergibt, was darzustellen und zu beweisen er sich anschickte. Handelt es sich dagegen um eine Darstellung verschiedener Tatsachen, in unserem Falle um die Ergebnissse der Forschungen auf den verschiedenen Gebieten der Wissenschaft, so wird der Autor gut daran tun, von vorneherein jenen Punkt klar herauszustellen, welcher all diesen Ergebnissen gemeinsam ist. Auf diese Weise wird der Leser nicht in das Dickicht der verschiedensten wissenschaftlichen Überlegungen geführt, in dem er sich verlieren muß, wenn er nicht die Leitidee dieser verschiedenen Darstellungen kennt; wenn er nicht im voraus weiß, welche gemeinsame Konsequenz aus all diesen Forschungsergebnissen gezogen werden kann, ja gezogen werden muß, vorausgesetzt, daß man sich dabei der größtmöglichen Objektivität befleißigt und sich nicht von irgendwelchen wunschgemäßen oder dogmatischen Überlegungen leiten läßt.

Das Neue, das Revolutionierende, dasjenige, welches den Grundcharakter aller heutigen wissenschaftlichen Ergebnisse ausmacht, ist nun die Tatsache, daß seit Einstein in die räumliche Weltanschauung die Zeit hereingenommen wurde. Sie wurde zu der berühmten und schwerverständlichen vierten Dimension. Dies war der Anfang. Was aber wichtiger ist: Die konsequente Weiterführung dieses Gedankens bringt eine Sprengung, und nicht nur eine Sprengung, sondern eine Überwindung des Zeitbegriffes mit sich. Und weiter: Da erst einmal wissenschaftlich eines der altehrwürdigen Gegensatzpaare (Zeit und Raum) vereinigt und damit aufgelöst worden war, begannen auch alle anderen Gegensätze sich in ein neues Verhältnis zueinander zu bringen.

Halten wir jedoch die Leitidee fest, jene, die allen Folgerungen und Erforschungen auf den verschiedensten Wissensgebieten gemeinsam ist. Mir scheint, diese vielleicht unbewußte Leitidee läßt sich in zwei Worten zusammenfassen: Es ist die *Überwindung des Zeitbegriffs*! So, wie um das Jahr 1500 der europäische Mensch sein Weltbild durch die Überwindung des Raumbegriffs erweiterte und damit eine ganz neue Epoche einleitete, in demselben Maße begann um das Jahr 1900 durch die Überwindung des Zeitbegriffes eine vollständige, tiefgreifende Umwandlung innerhalb der abendländischen Kultur, die noch lange nicht abgeschlossen ist, deren Zeugen wir sind und unter deren Folgen wir vorerst alle zu leiden haben.

Strukturwandel europäischen Geistes*

Gegenstand der Betrachtung soll sein jener Strukturwandel des europäischen Geistes, wie er sich mit aller nur wünschbaren Deutlichkeit an den verschiedenartigsten Äußerungen unserer Zeit ablesen läßt. Um dem Thema gerecht zu werden, haben wir zunächst danach zu fragen, was unter europäischem Geist zu verstehen sei. Da anschließend an diese Frage über einen heute sich vollziehenden Strukturwandel eben dieses europäischen Geistes gesprochen werden soll, können wir die erste Frage sogar noch präziser formulieren: Wir dürfen nach der Struktur dessen fragen, was wir seit den Tagen Homers, der ionischen Naturphilosophie, des platonischen Dialoges, vor allem aber seit dem Wirken Christi als abendländischen bzw. europäischen Geist bezeichnen dürfen.

Die Grundlagen unseres abendländischen Bewußtseins, oder enger gefaßt: die Grundlagen des europäischen Geistes, wurden in Griechenland etwa um 500 vor Christi gelegt. Damals vollzog sich dort ein für die Wirklichkeits-Erfassung des Menschen umgestaltender Vorgang. Er bestand in der Herauslösung des Menschen aus dem mythischen Denken, das ein assoziatives Bilderdenken war. An Stelle dieses mythischen Denkens trat das logische, deduktive Denken. Dieses ermöglichte zwei wesentliche Interpretationsformen der Wirklichkeit, die für das Abendland bestimmend wurden: Die Philosophie und die Wissenschaft. Beide stützen sich auf die Logik. Diese neue Fähigkeit war das Resultat eines Bewußtwerdungsvorganges, des Erwachens des Menschen zu sich selbst, zu jenem Ich-Bewußtsein, das bereits aus den

* Vortrag, gehalten in Wiesbaden anläßlich der Jahresversammlung 1954 des Stifterverbandes für die deutsche Wissenschaft.

Worten spricht, die Homer seinem Helden in den Mund legt: »Eim' Odysseus«, »Ich bin Odysseus«. Denn logisch denken heißt nicht nur richtig, sondern auch gerichtet denken. Voraussetzung dafür ist ein Bewußtsein des Menschen seiner selbst als eines bewußten Ich, das sein Denken auf etwas richten kann, das ihm gegenübersteht: Die Welt als Objekt. Solange der Mensch im mythischen Bereich lebte, war er in die symbolisch ausgedrückten Abläufe des naturhaften Geschehens eingeschlossen. Erst als er zum Ich erwachte, stand er der Welt gegenüber, erst da begann er sie, sei es geistig, sei es materiell, mit Hilfe der Philosophie und der Wissenschaft zu erforschen.

Und hierin, daß es der Mensch war, der sich Aussagen über die Welt anmaßte, hierin liegt das dritte Charakteristikum unserer europäischen Zivilisation: die Anthropozentrik, die bereits Protagoras zum Ausdruck brachte: »Der Mensch ist das Maß aller Dinge.«

Logisches Denken ist also vor allem auch eine betont anthropozentrische Realisationsweise: Der Mensch und die Erde bilden das Zentrum des Bezugsystems, in dem er sich selber realisiert. Oder besser: So einseitig, so nichts als diesseitig wäre dieses Weltbild, hätte nicht Christus dieser diesseitigen Struktur eine Komponente eingefügt, die entscheidend war: das Bewußtsein von der Kraft und Notwendigkeit der Liebe. Sie vertiefte die Ichwerdung des Menschen, denn lieben, verantwortungsvoll christlich lieben, kann nur ein Mensch, der das Du erkennt – und um dieses Gegenüber zu erkennen, muß er selber zu einem Ich geworden sein. Es ist heute müßig, darüber zu argumentieren, ob jene Entdeckung des Menschen, die etwa um 500 vor Christi Geburt offensichtlich wurde, die ihm das Ich und das logische Denken und damit Philosophie und Wissenschaft brachte, gegenüber der mythischen Haltung ein Gewinn oder ein Verlust war. Sie war wahrscheinlich beides: Verlust an Geborgenheit, aber Gewinn an Ich-Sicherheit.

Was zufolge des europäischen Ichbewußtseins auf die

Dauer durch den Europäer geleistet wurde, wissen wir. Nicht nur philosophische Erkenntnisse, sondern vor allem die zivilisatorischen Ausstrahlungen des disziplinierten Denkens, des sachlichen Folgerns und damit des planmäßigen Arbeitens wurden durch dieses Ichbewußtsein ermöglicht. Denn nur der auf eine gesunde Weise ichbewußt denkende Mensch ist fähig, verantwortungsvoll und verbindlich zu handeln. Dies gibt ihm die Überlegenheit über Vertreter jener Kulturkreise, die noch nicht zum Individualismus erwacht sind. Aber dieser Individualismus, wird er hypertrophiert, enthält zwei tödliche Gefahren. Die eine besteht darin, daß das hypertrophierte Ich zur vollständigen Isolation des einzelnen führt, ihn also von der Welt abspaltet; die andere wird dort sichtbar, wo der einzelne, vereinsamt, sein Ich dadurch aufgibt, daß er in das Kollektiv absinkt, das heißt in die defiziente Form der einstigen Gemeinde oder des einstigen Gruppen- oder Familienverbandes.
Dieser Gefahr ist der Europäer nicht entgangen. In den letzten 150 Jahren vollzog sich dieser Niedergang. Das lebendige, logische Denken wurde mehr und mehr zu einem nichts-als-rationalen Denken, das heißt zu einem teilenden. Die Mechanisierung setzte ein, eine Quantifizierung, also eine Entwertung einst effizienter Kräfte. Die Technik, die durch Leonardo da Vincis Verwirklichung der Perspektive und durch die Wissenschaft ermöglicht wurde, verdrängte das individuelle Handwerk. Aber das Handwerk, die Leistung des einzelnen, war die Grundlage der Kultur gewesen. Während sich dies auf dem materiellen Plane vollzog, ereignete sich auf dem spirituellen ein Parallelvorgang. Der Absetzung und Beseitigung des Individuums entspricht die von Hegel im Jahre 1807 (in seiner »Phänomenologie des Geistes«) postulierte Absetzung Gottes. Was bis zur Aufklärung durch die christliche Religion zusammengehalten war, die Gegensätze Mensch-Welt, das zerfällt in einen heillosen Dualismus. Dieser Dualismus, durch Descartes in aller Schärfe und

Einseitigkeit formuliert, durch rationalistische Thesen fortlaufend untermauert, führte schließlich zu jenen Lehren, die heute vordergründig der abendländisch-atlantischen Zivilisation das Gepräge zu geben scheinen: zu bloßer Diesseitigkeit, wie sie sich im Materialismus, Pragmatismus und Existentialismus manifestiert. Wir dürfen diese Lehren und Ideologien durchaus als Endlehren bezeichnen. Sie führen zu dem heute weitherum herrschenden negativen Skeptizismus und Nihilismus, der sich da und dort ein fadenscheinig positives Mäntelchen beispielsweise ontologischer Observanz und philosophischen Getues umhängt. Dieser Nihilismus ist eine Konsequenz der Totsagung Gottes, von der soeben gesprochen wurde: Diese Totsagung Gottes führte zu der heute von den erwähnten Kreisen implizit vollzogenen Totsagung des Menschen.

Dies ist die eine Seite unserer europäischen Wirklichkeit. Sie macht deutlich, daß etwas stirbt, zu Grunde geht, sich selbst ad absurdum führt. Und gerade dieses Symptom ist Garant dafür, daß gleichzeitig etwas anderes entstehen müßte, falls Europa oder besser: falls der europäische Geist noch in irgend einer Form lebenskräftig ist. Und dies, meine Damen und Herren, ist der Fall.

Es ist das eine gewichtige, folgenschwere Behauptung, für deren Richtigkeit ich Ihnen den Beweis schulde. Diesen Beweis zu erbringen, ist an sich nicht schwer; ich glaube ihn anderen Ortes in aller Ausführlichkeit erbracht zu haben. Und ich darf dabei auf einen nicht unbedeutenden Umstand verweisen: Ich habe diesen Beweis nicht gesucht, er ergab sich. Mit anderen Worten: Es handelt sich nicht um eine Theorie, es handelt sich schon gar nicht um die weltentrückte Blässe von Studierzimmergedanken, wohl aber um die Ablesung konkreter Tatsachen, Phänomene und Zusammenhänge, die einen sich vollziehenden Strukturwandel des europäischen Geistes wahrnehmbar machen.

Ein Geisteswissenschaftler, besonders wenn er reine Geistesgeschichte betreibt, begegnet heute hinsichtlich seiner Schlüsse einer leider nur zu berechtigten Reserviertheit seitens der Mitwelt, mit welcher der Naturwissenschaftler nicht bedacht wird. Der Naturwissenschaftler kann, was er sagt, an Hand von Experimenten beweisen. Er kann einen bestimmten Sachverhalt tausend und tausend Mal experimentell untersuchen. Ganz anders der Geisteswissenschaftler. Jeder von ihm beobachtete Sachverhalt ist einmalig und vor allem: Er ist nie wiederholbar. Er ist bestenfalls mit anderen Sachverhalten, Tatbeständen oder Vorgängen vergleichbar. Wir können im streng wissenschaftlichen Sinn nicht so sehr etwas beweisen; aber wir können etwas evident machen.

Ein Tatbestand dürfte evident sein: die vordergründige, aber negative Gestimmtheit unserer Epoche, die in den Endlehren offensichtlich wird.

Ein anderer Tatbestand, über den man sich merkwürdigerweise noch nicht Rechenschaft abgelegt zu haben scheint, besteht in jener immerhin ermutigenden Tatsache, daß während der letzten Generationen all das, was unsere europäische Wirklichkeit und die der Welt grundlegend bestimmte und auch veränderte, von Europa ausgegangen ist. Die neuen Konzepte der Physik, Biologie und Psychologie, eine grundlegend veränderte Auffassung der Geschichte – denken Sie nur an Toynbee, vor allem aber an J. R. von Salis –, die neuen Ausdrucksformen der Dichtung und andere Künste, neuartige wissenschaftliche Disziplinen wie beispielsweise die Quantenbiologie und die Psychosomatik: Sie entstanden alle in Europa, zum mindesten sind ihre Urheber Europäer – mitunter auch emigrierte Europäer – gewesen.

Der Gefahren, die manchen dieser neuartigen Forschungsergebnissen, vor allem den atomphysikalischen, innewohnen, sind wir uns alle bewußt. Weniger ins Allgemein-Bewußtsein eingedrungen ist ein anderer Tatbestand, welcher der bloß physikalisch-materialistischen Gefahr übergeordnet ist. Er ist geistiger Art. Wird er be-

wußt, so dürfte er Gewähr dafür sein, daß die möglichen negativen Auswirkungen der neuen Konzepte, vor allem jener der Atomphysik, gebannt werden.
Um diesen Tatbestand aufzuzeigen und um die vielleicht lebensentscheidende Wichtigkeit desselben deutlich machen zu können, muß illustrationshalber auf ein brennendes Problem unserer Epoche eingegangen werden.
Immer wieder ertönt, aus der Angst vor dem Osten, der Ruf, man solle nun endlich etwas finden, und zwar eine Idee oder Ideologie, die man der marxistisch-materialistischen entgegenhalten könne. Es ist nun symptomatisch genug, daß bisher keine derartige, sogenannt zündende Ideologie gefunden worden ist. Überraschenderweise dürfen wir dies als ein positives Zeichen bewerten. Der Ideologieverdacht des europäischen Menschen entspringt nicht nur dem Skeptizismus; ihm liegt ein fundamentales Geschehen, nämlich eine noch nicht realisierte Strukturveränderung seiner Realisationsweise und damit seiner Wirklichkeit zugrunde. Diese Witterung des abendländischen Menschen, daß es unnütz sei, einer Ideologie wie der marxistischen eine andere gegenüberzustellen, ist kein Verzicht, ist kein Unvermögen. Im Gegenteil: Sie ist ein Zeichen der Kraft. Nur muß diese Kraft bewußt und damit handhabbar werden. Sie muß zu einer bewußten Haltung werden. Jede Ideologie ist Absicht und strebt ein Ziel an. Jede echte Haltung ist Einsicht und Substanzsicherheit; sie trägt das Ziel in sich selber. Wer einem Ziel nachlaufen muß, ist diesem Ziel verfallen; daß er ihm nachläuft, macht nur deutlich, daß das Ziel oder die erstrebten Dinge vor ihm fortlaufen. Wer das Ziel in sich trägt, dem wenden sich die Dinge und Geschehnisse zu; seine Haltung gibt auch den Dingen und Geschehnissen Halt.
Eine Haltung dieser Art beginnt sich heute allenthalben in Europa abzuzeichnen.
Sie ist strukturell anders, und zwar umfassender, als irgend eine der bisherigen Ideologien oder Theorien. Sie

überdeterminiert das nur ideologische Denken. Jede Überdeterminierung ist aber Kraftzuwachs, ist substantielle Überlegenheit dort, wo sie nicht zu Machtzwecken mißbraucht, sondern mit Mut und Demut verantwortet wird.

Mit dieser Feststellung wäre die vorhin aufgestellte Behauptung, daß der europäische Geist lebenskräftig, ja schöpferisch sei, in einem wesentlichen Punkt konkretisiert und beschrieben. Gestatten Sie mir zu versuchen, Ihnen die Berechtigung dieser Behauptung evident zu machen.

Greifen wir dazu auf das bereits angeführte Beispiel der marxistischen Doktrin zurück, und untersuchen wir ganz kurz seine Struktur. Diese Ideologie ist das negative Endprodukt einer Denk- und Realisationsart, die seit den Griechen zuerst eine unermeßliche Bereicherung der menschlichen Wirklichkeit mit sich brachte, die aber seit der Renaissance, vor allem seit der französischen Revolution ins Extrem, in die Einseitigkeit getrieben, sich selber den Todesstoß versetzte. Sie stützt sich auf eine Dialogik, die zur bloßen Dialektik herabsank; sie stützt sich auf einen extremen Dualismus primitivster Art, auf jenen von Ausbeuter und Ausgebeuteten, und fordert die Austilgung der sogenannten Ausbeuter, der abzuschaffenden höheren Instanz, nachdem sie bereits die allerhöchste Instanz, Gott, glaubte abgeschafft zu haben. Wohin das führt, zeigt uns die Welt hinter dem Eisernen Vorhang. Sie stützt sich auf eine geschichtstheoretische Maxime konstruiert folgerichtiger Art, auf ein angeblich zwangsmäßiges Nacheinander der Geschehnisse. Sie enthält also alle Charakteristika des europäischen Geistes, wie er sich noch vor hundert Jahren darstellte: chronologisches und damit zielfixiertes Denken und das diesem Denken inhärente, dualistische Prinzip; aber: Sie enthält diese beiden Komponenten in der negativen Form.

Dabei ist zu beachten, daß nicht nur diese Doktrin diese negativen Merkmale aufweist. Die Überzahl aller jener

Theorien, Vorstellungen und so weiter, die wir mit einem »Ismus« versehen können, sind der gleichen negativen Art.

Das aber bedeutet, daß diese bis etwa zur Jahrhundertwende auch in den Wissenschaften herrschende Denkart erschöpft ist oder doch nur noch für engumrissene Gebiete unserer Wirklichkeit effizienten Charakter trägt, nämlich dort, wo wir experimentieren, kalkulieren, wo wir ein sauberes mentales und ordnendes Denken walten lassen.

Wie aber steht es mit der neuen Haltung? Wir haben gesehen, in welchem ausschlaggebendem Maße das dualistische Prinzip die bisherige europäische Denkhaltung sowohl positiv als negativ prägte und bestimmte. Es war, und es bleibt in seiner echten Form, ein Merkmal, ein Mittel, um gewisser Aspekte der Wirklichkeit habhaft zu werden. Aber – und das ist das Entscheidende – die beinahe an eine Ausschließlichkeit grenzende Gültigkeit dieser Grundkonzeption ist durch die neue Haltung überdeterminiert worden. Sie anerkennt die bloßen Dualismen nicht mehr. Der einstige Dualismus Energie: Masse bzw. Materie wurde durch Einstein aufgehoben. Der einstige Gegensatz Körper: Seele wurde durch die Psychosomatik überwunden. Der Dualismus Anorganisch: Organisch wurde durch die Quantenbiologie weitgehend eliminiert. Der Dualismus Subjekt: Objekt wurde einerseits durch jene neue Philosophie, die den bloßen Existentialismus bereits hinter sich ließ, in Frage gestellt, andererseits durch Schlußfolgerungen, welche angesehenste Physiker aus Beobachtungen atomarer Kernprozesse gezogen haben. Sowohl die Quantentheorie Plancks, die Wellenmechanik Schrödingers und de Broglies, das Komplementaritätsprinzip Bohrs, die Unbestimmtheitsrelation Heisenbergs enthalten Denk- und Realisationsmomente, welche mit dem dualistischen Prinzip kaum mehr etwas zu schaffen haben. Lassen wir es bei diesen Andeutungen bewenden. Näher darauf hier einzugehen, verbietet sich

deshalb, weil in der hier notwendigen Kürze diese Tatbestände nicht dargestellt werden können, es sei denn, man verfiele in eine stets peinlich anmutende populär-philosophische Ausmünzung wissenschaftlicher Forschungsergebnisse, die dann gleichsam mit Schlagworten operiert und die jede terminologische Sauberkeit vermissen läßt. Halten wir lediglich als nachweisbaren Tatbestand fest: Das dualistische Prinzip hat weitgehend seine Gültigkeit verloren.
Es zeigt sich immer deutlicher, daß jene Dualismen das sind, was der Soziologe Tritsch »falsche Alternativen« genannt hat. Die Erkenntnis dieser »falschen Alternativen«, wie zum Beispiel des falsch betonten Gegensatzpaares Subjekt: Objekt, kann gerade auch für die Soziologie und damit für die Wirtschaft von Bedeutung werden. An die Stelle der so oft zu beobachtenden rein voluntaristischen Frontalhaltung zur Welt, die auf Eroberung des Objektes ausgeht und ihre Energien unökonomisch verwendet, könnte das Verstehen der Mitwelt, ein Im-Einklang-Sein mit ihr, treten – ein vielleicht etwas langsamerer, aber gewiß ergebnisreicherer Prozeß. Kehren wir jedoch zu der Überwindung des Dualismus durch die Naturwissenschaften zurück; sie hat sehr weitgehende Folgen gehabt. Diese Folgen spiegeln sich vor allem in einem verwandelten Verhältnis zur Zeit; sie spiegeln sich in einer strukturell neuartigen Wertung dessen, was man Zeit nannte. Ja, es hat den Anschein, als ob das Zeitproblem als solches heute die ausschlaggebende Rolle spiele. Dies hängt insofern mit der Dualismus-Überwindung zusammen, als bislang gewisse Aspekte der chronologischen Zeit auch als Gegensätze aufgefaßt wurden: Vergangenheit und Zukunft, deren eine das bezeichnet, was schon geschah, deren andere das bezeichnet, was noch nicht geschah.
Welcher Art ist aber nun die neue Auffassung von dem, was man bisher Zeit genannt hat? Dem bisherigen dualistischen Denken war sie ein chronologisch geordneter

Ablauf. Der neuen Haltung, die aus dem Strukturwandel erwächst, welche sich im europäischen Geiste vollzieht, ist sie ein ganzer Vollzug; klarer ausgedrückt: Zeit ist nicht nur eine Abfolge von Vergangenheit, Gegenwart und Zukunft, also geteilte Zeit, sondern ein Ineinanderspielen der drei Teile als Inbegriff des vorgegebenen Ganzen. Der Ausdruck »vorgegeben« enthält jedoch, worauf nachdrücklichst hingewiesen sei, weder ein deterministisches, noch ein fatalistisches Element; im Gegenteil: Er soll ein potentielles Element zum Ausdruck bringen, nämlich die Forderung und die Möglichkeit des Einzelnen, der vorgegebenen Struktur gemäß handeln zu können, jener Struktur, die er als ihm vorgegebenen Lebensentwurf zu realisieren hat. Andererseits hat der Ausdruck »das Ganze« nichts mit einer Art Neo-Monismus noch gar eines Holismus zu tun.

Meine Damen und Herren, was da soeben ausgeführt wurde, wird Ihnen zumindest auf ein erstes Hinhören hin reichlich abstrakt vorkommen. Sie werden gewiß geneigt sein, dem Vortragenden den Vorwurf zu machen, er überfalle Sie nun doch mit weltentrückten, eigentlich nutzlosen Überlegungen, die vielleicht Wissen schaffen, mit denen man aber kein Wissen leben kann. Und dieser Vorwurf, sollte er berechtigt sein, ist das Ärgste, das jemandem passieren kann, der es sich zur Aufgabe gemacht hat, dem Leben durch Konkretion des Gedachten und Erforschten zu dienen, statt das Leben durch Abstraktionen zu schwächen. Es darf vielleicht in diesem Zusammenhange – auch etwas in Verteidigung der Geisteswissenschaften – an einen bedeutsamen, aber zumeist übersehenen Sachverhalt erinnert werden. Er besteht darin, daß unser Leben bis in den Alltag hinein und damit unsere Einstellung zur Wirklichkeit von gewissen gedanklich klar formulierten Grundkonzepten abhängen. Diese Grundkonzepte sind es, welche unsere gesamte Wirklichkeit gestalten. Grundkonzepte wie das des platonischen Dialogs, also das deduktive Denken, wie das der

christlichen Verantwortung, wie das von Galilei postulierte, welches er in den Satz zusammenfaßte: »Messen, was meßbar ist, und meßbar machen, was es noch nicht ist«; sowie seit einigen Jahrzehnten das Konzept der Indeterminiertheit – sie alle sind für unser Verhalten, für unsere Art, die Welt zu sehen und sie zu gestalten, bestimmend, und sie beeinflussen jede unserer Äußerungen, jede Beziehung, bewirken die jeweils vorherrschende soziologische Struktur und damit auch die Art unseres wirtschaftlichen Denkens.
Lassen Sie mich Ihnen deshalb einige Aussagen verschiedenster Herkunft der letzten dreißig Jahre anführen, welche ein entscheidendes Grundkonzept unserer Epoche namhaft machen; es handelt sich dabei um den vorhin angeführten Sachverhalt, daß Zeit nicht nur Folge, sondern das vorgegebene Ganze sei. Es gibt Hunderte von Hinweisen auf diesen neuen Sachverhalt. Sie können diesen Hinweisen heute auf allen Gebieten unseres Wissens begegnen: in der Physik, der Biologie, der Psychologie; in der Philosophie und in sämtlichen Arten der Soziologie, von der religiös betonten über die kulturelle bis zur betriebswirtschaftlichen Soziologie; in der neuen Rechtsprechung und Gesetzgebung; in den Doppelwissenschaften wie der Quantenbiologie und der Psychosomatik; in den Künsten, sei es der Architektur, der Musik, der Malerei, der Dichtung; ja im Alltag selbst. Und hier nun die Aussagen.
Zuerst die eines Physikers, die nicht vereinzelt ist. Hier zwar müssen wir uns auf sie beschränken. Sie stammt von A. S. Eddington und lautet: »Die Ereignisse kommen nicht; sie sind da, und wir begegnen ihnen auf unserem Wege. Die ›Formalität‹ des Stattfindens ist ganz einfach der Hinweis darauf, daß der Beobachter an dem in Frage stehenden Ereignis vorübergekommen ist, und diese ›Formalität‹ ist nicht von Wichtigkeit.« Auf den ersten Blick hat dieser Satz für das herkömmliche Denken nicht nur etwas Unverständliches an sich, sondern sogar etwas

Erschreckendes. Sehen wir davon ab, daß er eine Konsequenz der Einsteinschen Konzeption des vierdimensionalen Raum-Zeit-Kontinuums ist und durch die in den letzten Jahren gemachten Entdeckungen über die Raum-Zeit-Struktur der atomaren Elementarvorgänge bestätigt wird, wie sie zum Beispiel von Heisenberg formuliert wurden. Übersetzen wir ihn in unsere Alltagssprache. Dann bedeutet dieser Satz Eddingtons: Die Zukunft ist immer da.

In fast dem gleichen Jahre, um 1923/24, da Eddington diesen Satz schrieb, formulierte ein berühmter deutscher Dichter den gleichen Gedanken auf seine Weise, indem er sagte: »Die Wünsche sind die Erinnerungen, die aus unserer Zukunft kommen.« Madame Lou Albert-Lasar, die uns vor einem Jahr diesen Ausspruch Rainer Maria Rilkes erstmals übermittelt hat, kommentiert ihn mit den Worten Rilkes, der ihr erklärend sagte: daß »gewissermaßen die Zukunft schon in der Gegenwart enthalten sei, daß das, was wir Zukunft nennen, ebenso wirke, wie das, was wir Vergangenheit nennen. Beide in uns vereint bilden die volle Gegenwart.«

Eine erste Andeutung dessen, dies darf hier nicht unerwähnt bleiben, daß die Zukunft Mitgestalterin der Gegenwart sein könne, findet sich bei Nietzsche. Einige Jahre später begegnen wir bei Stéphane Mallarmé dem Verse: »L'astre mûrit des lendemains« (»Der Stern reift aus dem Morgen her«). Und kurz darauf, zu Beginn unseres Jahrhunderts, entdeckte die Tiefenpsychologie die mögliche Präsenz des Zukünftigen im Traumgeschehen.

So überraschend die Koinzidenz der Sätze Eddingtons und Rilkes ist – sie könnte zufällig sein. Selbst die Vorformulierung dieses Gedankens durch Nietzsche, Mallarmé und C. G. Jung kann ein zusätzlicher Zufall sein. Aber warum formulieren dann, unabhängig voneinander, etwa im Jahre 1939, der größte spanische Dichter unserer Zeit und der größte englische Dichter und Nobelpreisträger den gleichen Gedanken auf ihre Weise? Jorge Guillén schreibt: »Un día/Solo profundizado en la memoria, A su eterno presente se confía«, was unter Einschluß des Kontextes und dem Sinn nach übersetzt etwa folgendes aussagt: Die Geschehnisse: »Wo sind sie, wann geschehen sie? Es gab ein Glühen, und das glüht noch. Ein einziger, tief ins Erinnern eingedrungener Tag vertraut sich der unvergänglichen Gegenwart an.«

Und der Satz des großen Engländers T. S. Eliot? Er lautet »... the things that are going to happen / Have already happened (... die Dinge, die geschehen werden / sind schon geschehen ...)«.

Was spricht aus diesen Aussagen, die bei Nietzsche reflektorischer Gedanke, die bei C. G. Jung Ausdruck empirischer Erfahrung, die beispielsweise hinsichtlich der Heisenbergschen Formulierung über die atomare Raum-Zeit-Struktur nuancierte Schlußfolgerungen des beobachtenden Naturwissenschaftlers sind, die sich jedoch in den Seismographen unserer Epoche, in Dichtern von dem Format eines Mallarmé, Rilke, Guillén, Eliot – und vielen anderen mehr – genuin, schöpferisch, spontan formen?

Angesichts nur dieser wenigen hier zitierbaren Aussagen dürfte es deutlich geworden sein, daß in uns als Europäern eine neue, umfassendere Art der Wirklichkeitserfassung zum Durchbruch gekommen ist. Sie bezieht das Ganze in ihr Blickfeld ein und nicht nur ein »Ziel«, wie es die erwähnten Ideologien auf dualistische Weise tun. Damit ist aber die neue Haltung den alten Ideologien innerlich und geistig überlegen; sie ist stärker als diese Ideologien. Es hängt von uns ab, ob wir diese Stärkung unserer geistigen Position zu nützen wissen oder nicht. Denn die geistige – und nicht etwa nur eine intellektuelle – Position bleibt die fundamentale, die gestaltende, die ausschlaggebende.

Mit dem verwandelten Verhältnis zur Zeit ist ein grundlegender Strukturwandel des europäischen Geistes Wirklichkeit geworden. Wie weittragend und kräftigend er ist, kann ein konsequentes Weiterdenken dieser neuen Haltung zeigen. Dort nämlich, wo »Zeit« nicht mehr bloß als Ablauf, sondern als das vorgegebene Ganze realisiert wird, finden die große Angst, Verzweiflung und der Nihilismus unserer Epoche ihre Lösung. Das Leben ist dann kein »Sein zum Tode« mehr; es ist nicht ein bloßer Ablauf auf eine nihilistische Zukunft hin. Der Mensch fällt nicht mehr aus der Welt hinaus in die Leere, in ein »nichtendes Nichts«. Im Gegenteil: Die Sinnfülle und Lebensgewißheit, ja eine durchaus neue Form der Lebensgeborgenheit und der Entängstigung beginnt. Wer wie die genannten Physiker, Psychologen und Dichter es vermag, sein eigenstes Leben und Sein als Ganzes und im Ganzen zu sehen, wer auf ihre Weise die Zukunft als gegenwärtig akzeptiert, der akzeptiert damit sein Schicksal. Akzeptierung unseres Schicksals aber: Das ist Freiheit. Und diese Freiheit, einmal gewonnen, trägt einen wundersamen Keim in sich: daß nämlich unsere Freiheit zum Schicksal ja zu sagen, sich weitgehend in ein Freisein vom Schicksal verwandeln kann. Das aber ist gleichbedeutend damit, daß in dieser Akzeptierung und in diesem Freiwerden oder Überwinden des Schicksals das potentielle Element der Selbstgestaltung nicht etwa ausgeschlossen, sondern unterstrichen wird, und zwar im Sinne äußerster Verantwortung.

Abschließend darf vielleicht noch bemerkt werden, daß dem christlichen Glauben die aufgezeigte Haltung hinsichtlich der Zeit nicht fremd ist. Bisher war sie freilich ein Glaubenspostulat, da Gott keine Vergangenheit noch Zukunft kennt, sondern Allgegenwart ist. Es will scheinen, als ob das christliche Europa, das in seiner Christlichkeit immer einen unversiegbaren Kraftquell besaß, heute, da es um seinen Weiterbestand kämpft, auch wissensmäßig, also mit vollem verantwortendem Bewußtsein, zutiefst christliche Gedanken intensiviert, die ihm von lebendiger Hilfe sein werden. Und damit bewahrheitet sich das Wort Hölderlins: »Wo aber Gefahr ist, wächst das Rettende auch.«

Notwendigkeit und Möglichkeit einer neuen Weltsicht

Die Notwendigkeit und Möglichkeit einer neuen Weltsicht schildern zu wollen, verlangt die Beantwortung zweier Fragen. Die erste Frage lautet: Warum ist eine neue Weltsicht notwendig? Und wir wollen uns, wenn wir das Wort »notwendig« gebrauchen, bewußt sein, daß es die »Not wenden« bedeutet. Die zweite Frage lautet: Inwiefern ist eine neue Weltsicht möglich? Wir wollen uns aber bei beiden Fragen auch bewußt sein, daß nach einer neuen Weltsicht gefragt wird, nicht aber nach irgendeiner neuen Weltanschauung oder irgendeinem neuen Weltbild. Es liegt uns nicht daran, die Welt anzuschauen oder uns nur ein Bild von ihr zu machen. Sie anzuschauen, eine rein kontemplative Haltung, die zu nichts verpflichtet, können sich Menschen leisten, die in Frieden leben. Diese Zeiten sind vorerst vorüber. Uns aber nur ein Bild von ihr zu erdichten, das zu nichts verpflichtet, dafür fehlt in dieser Zeit . . . die Zeit, denn unsere Gegenwart ist verzehrender als die Vergangenheit, und für uns geht es darum, Zeit gegen die Zeit zu haben, um nicht den irrlichternden und hektischen Erscheinungen anheimzufallen, die sie uns vorgaukelt, sondern um die wahre Welt als Ganzes zu sehen. Denn dies, genau dies ist es: Wir wollen die Welt konkret sehen, so wie sie ist; wir wollen sie nüchtern, unvoreingenommen, sachlich sehen, damit wir dann eine Sicht gewinnen, die den neuen Gegebenheiten gemäß ist. Wenden wir uns also den beiden Fragen zu.

Auf die erste Frage: Warum ist eine neue Weltsicht notwendig? lautet die Antwort: Weil heute eine Notsituation besteht. Halten wir zuerst einmal diesen Tatbestand fest, den wohl niemand anzweifeln wird, da er, wo auch immer wir hinsehen, offensichtlich ist, auf politischem und soziologischem Gebiet ebensosehr wie im Hinblick auf die religiöse und geistige Problematik. Darüber hinaus dürfte es sich bereits herumgesprochen haben, daß bloße Reformen heute nicht mehr genügen. Diese Einsicht jedoch, daß Teilreformen kaum mehr etwas nützen, zeigt, daß das verursachende Übel fundamentaler Natur sein muß. Denn trotz aller Gegenmaßnahmen und trotz internationaler Konferenzen greift das Verhängnis in allen Sektoren unseres Lebens auf beängstigende Weise weiter um sich. Nicht einmal die Wirtschaftskonjunktur der letzten Jahre läßt uns froh werden. Wir sehen zu genau, daß ihre Ursachen ungesund sind: Folgen von neuen Investitionen in unproduktive Güter, in Kriegsrüstungen. Dieser Hinweis möge genügen; halten wir die Tatsache fest: Es besteht eine Notsituation. Sie gibt sich in wirtschaftlichen Krisen ebensosehr wie in der geistigen Desorientierung und der politischen Unsicherheit zu erkennen. Jede Unsicherheit aber hat ihren Grund, so wie sie auch ihre Folgen hat. Unsicherheit entsteht – und dies ist allgemein gültig, es gilt für den einzelnen in dem gleichen Maße wie für Völker und ganze Kontinente –, Unsicherheit entsteht dort, wo wir uns Gegebenheiten gegenüberfinden, die wir nicht durchblicken und deshalb auch nicht meistern können. Mit anderen Worten: Unsicherheit entsteht dort, wo wir den Kontakt mit der Welt, wie wir sie bisher sahen, verloren haben, weil wir eine entscheidende Verwandlung oder Veränderung, die sich in ihr und in uns abspielte, nicht realisierten. Das Gefühl der Hilflosigkeit und Ohnmacht, das aus dieser Situation erwächst, bewirkt die Unsicherheit. Und diese ihrerseits gebiert die Angst. Es ist wohl kaum übertrieben, wenn wir feststellen, daß es heutzutage nur wenige Menschen gibt, die frei von Angst sind. Dabei darf man nicht vergessen, daß unbewußter Heroismus, daß abgebrühter Skeptizismus, blinder Optimismus ebensosehr wie gleichgültiger Fatalismus oder starrer Fanatismus nichts anderes sind als

Masken der Angst. Angst hinwiederum gebiert Anfälligkeit für Psychosen, für Katastrophen- und Weltuntergangsstimmungen. Unsere größte Not und Bedrohung kommt nicht von außen, weder aus dem Osten noch aus dem Westen. Sie stammt aus innerer Unsicherheit und Angst. Warum aber sind wir angstbesessen und unsicher? Weil wir fühlen und sehen, daß nur noch wenig von dem Gültigkeit zu haben scheint, was noch unseren Vätern das Gefühl verlieh, in einer gesicherten Welt zu leben.

Mit dieser Feststellung sind wir zum Kernproblem unserer Tage gekommen. Auf die Frage: Warum ist eine neue Weltsicht notwendig? konnten wir antworten: Weil eine Notsituation besteht. Aber diese Antwort bedingt die neue, noch tiefer dringende Frage: Wieso ist es zu dieser Notsituation gekommen, die sich in Unsicherheit, Desorientiertheit und Angst äußert? Wenn es uns gelingt, dieses durchaus nicht leichte Problem zu lösen, dann ist damit auch bereits der wesentlichste Teil unserer zweiten Frage gelöst, ob nämlich eine neue Weltsicht überhaupt möglich ist.

Die Antwort auf diese Frage wird zunächst sonderbar erscheinen. Sie lautet: weil wir – bewußtseinsmäßig – in einer Welt leben, die anders dimensioniert ist als die unserer Väter. Ergänzend ist dabei sofort festzuhalten, daß wir diese Andersartigkeit, diese fundamentale Neukonstellation unseres Daseins und Bewußtseins, in der kurzen Zeitspanne, die uns bisher zur Verfügung stand, noch nicht genügend realisiert, geschweige denn assimiliert haben; außerdem: daß sich das Neue, nämlich der *Einbruch der Zeit in unser Bewußtsein*, zuerst einmal wie eine Störung, ja fast wie eine Lähmung auswirkte, da es sich erst allmählich als Bereicherung erweisen wird, und zwar in dem Maße, in dem wir uns der Realität und der Konsequenzen dieses Vorganges bewußt werden.

Welches war denn jene Welt unserer Väter, von der soeben gesagt wurde, sie sei anders dimensioniert als die unsere? Sie war eine ausgesprochene Raumwelt. Sie war damit eine dreidimensionale Welt. Ihre endgültige Gestaltung erfuhr sie in der Renaissance. Galileis Maxime, übrigens eine ins Extem getriebene aristotelische Maxime, führte dazu, daß alles mit räumlichen Maßen gemessen wurde, selbst ein Phänomen wie die Zeit und andere, die keine räumlichen Eigenschaften haben, die jedoch durch ihre Messung in räumliche Komponenten zurechtgebogen wurden. Für diese Epoche hatte die Zeit keinen Qualitätscharakter. Diese Epoche bediente sich ihrer nur in einem materialisierten und quantitativen Sinne, so daß einer der besten Kenner der Theorien und Philosophien jener Epoche, Werner Gent, von ihr sagen konnte, sie habe die Zeit deklassiert und zu einer bloßen Rechnungsgröße degradiert, besser noch, zu einer analytischen Maßbeziehung pervertiert. Und wir können hinzufügen: Sie hat die Zeit materialisiert, so wie sie ja im Verlaufe der letzten Jahrhunderte alles materialisiert und damit jenes extrem dualistische Denken heraufbeschworen hat, welches nur zwei gegensätzliche, letztlich unversöhnliche Komponenten anerkannte: als gültig die meßbaren, beweisbaren Dinge, die rationalen Gegebenheiten der Wissenschaft, als letztlich ungültig die nicht meßbaren Phänomene, die irrationalen Un-Gegebenheiten.

Wenn hier von »Zeit« gesprochen wird, so ist damit natürlich nicht das gemeint, was wir uns nach der Denkweise unserer Väter vielleicht noch unter »Zeit« vorstellen. Dieser heute noch vorhandene Begriff »Zeit« ist ein ungemein reduzierter Begriff; er bringt lediglich einen, noch dazu verfälschten Aspekt des Phänomens »Zeit« zum Ausdruck, nämlich die »Uhrenzeit«. Der vergangenen Epoche war somit die »Zeit« nichts als ein Maß- bzw. Bezugssystem zwischen zwei Augenblicken. Sie ließ die Zeit als Qualität und Intensität unberücksichtigt; sie sah in ihr nur ein akzidentelles, kein essentielles Phänomen. Die Zeit ist aber ein viel zu komplexes Phänomen, als daß sie nur Uhrenzeit sein könnte, nur Werkzeug und Akzidens. Die Tatsache, daß wir selbst nach wie vor gezwungen sind, zur Meisterung eines Teiles unseres Lebensbereiches in den Kategorien der räumlich fixierten, dreidimensionalen Vorstellungswelt zu denken, hindert uns daran, die komplexe Bedeutung dieses Phänomens zu realisieren; und wer es dennoch wagt, wird bestenfalls terminologischer Unklarheit geziehen. Das aber soll uns nicht hindern, darauf hinzuweisen, daß die Zeit in Wirklichkeit noch jene anderen wesentlichen Erscheinungsformen umfaßt, die nur ihr, nicht aber dem Raume angehören. So betrachtet, das heißt in einer Weltsicht, die den Mut aufbringt, der Zeit eine eigene Qualität zu belassen und sie nicht in die dreidimensionale Zwangsjacke zu zwängen, erscheint sie geradezu als die grundlegende Funktion. Als solche äußert sie sich, ihrem jeweiligen Manifestationsort entsprechend, unter den verschiedensten Aspekten, die soeben namhaft gemacht wurden. Hier nun muß aber, nach der erfolgten Erwähnung der vitalen, psychischen, biologischen, kosmischen, rationalen, kreativen, soziologischen und technischen Aspekte der Zeit auch ihres physikalischen Aspektes gedacht werden, der die Bezeichnung »vierte Dimension« trägt.

Zu dieser Aufzählung der Zeitaspekte ist zu bemerken, daß ihr eine ausschließlich kategoriale Betrachtungsweise nicht gerecht werden kann. Wir haben es hier nicht etwa mit einander inkongruenten Phänomenen zu tun, sondern es handelt sich um verschiedenartige Aspekte und Manifestationsweisen eines Grundphänomens, das keinen Raumcharakter aufweist. Eine vornehmlich kategoriale Wertung ist hier also unangebracht. Jedes kategoriale System ist ein ideelles Ordnungsschema, durch welches reale Erscheinungstatsachen fixiert und absolutiert werden. Damit ist es ein dreidimensionales Gerüst und hat betont statischen und räumlichen Charakter. Kategoriale Systeme reichen zu einer Weltbewältigung nur aus innerhalb der dreidimensionalen Weltvorstellung oder Begriffswelt. Man wird sich deshalb daran gewöhnen müssen, auch *akategoriale Größen* anzuerkennen, die kategorial nicht erfaßbar sind, weil ihr Grundgepräge akategorial ist. Die akategoriale Größe par excellence ist die Zeit als Intensität. Ihre bindende, gänzlichende Funktion kommt in ihrer akategorialen Wirksamkeit zum Ausdruck. Das bisherige bloß kategoriale Denken muß durch die zusätzliche akategoriale Denk- oder Realisationsart ergänzt werden. In dem Moment, da das gelingt, wird die Welt durchsichtig, weil wir dann nicht mehr bloß an die raumgebundenen Systeme fixiert sind, sondern durch diese hindurchsehen können. Der transparente Raum aber ist nicht mehr eine dreidimensionale, sondern bereits vierdimensionale Gegebenheit.

Mit dem Begriff »vierdimensional«, besonders aber mit dem Begriff »Vierte Dimension«, als welche sich die Zeit physikalisch darstellt, ist in gewissem Sinne ein Stichwort gefallen, das uns für die Klärung unserer Notlage als Hilfbegriff sehr dienlich sein kann. Dieses Stichwort und unsere Art, das Phänomen »Zeit« zu schildern, mögen zunächst irritierend wirken, ja in gewissem Sinne fast eine kleine Schockwirkung auslösen. Und dies ist durchaus erklärlich. Diese Reaktion mag zuerst auch zu einer Ablehnung des neuen oder auch zu affektgeladener Verteidigung des bisher viel zu eng begrenzten Zeitbegriffes führen. Die Tatsache aber, daß dieser große, umfassende und die Welt mitkonstituierende Komplex »Zeit« jahrhundertelang vernachlässigt, ja erkenntnismäßig unterdrückt oder bestenfalls räumlich verfälscht wurde, diese Tatsache hat die folgenschwere Konsequenz gehabt, daß wir der außerordentlichen Bedeutung, die diesem umfassenden Phänomen innewohnt, nicht mehr gewachsen waren, als die modernen Erkenntnisse uns zwangen, es anzuerkennen. Wie jede unterdrückte Kraft – und dies war die »Zeit« so lange, als die Epoche nur der dreidimensionalen Weltvorstellung huldigte –, wie jede unterdrückte Kraft, rächt auch sie sich, wenn sie befreit wird oder sich selbst befreit. Und dann vergewaltigt, beängstigt und verwirrt sie zuerst einmal uns auf eine destruktive Weise, so daß sie uns zu beherrschen scheint, nachdem wir auf Grund generationenlanger Gewöhnung glaubten, sie durch unsere räumlichende Umfälschung meistern und beherrschen zu können. Eingekerkert in unsere dreidimensionale Vorstellungswelt, meinten wir, die Zeit sei nichts anderes als ein leicht zu meisterndes Akzidens harmloser Art, das man ungestraft als Uhrenzeit behandeln dürfe. Das aber ist der Bewußtseinslage der Gegenwart nicht mehr gemäß. Da sich nun herausstellt, daß sie sehr viel mehr, ja eine Weltkonstituante ist, entspricht die Größe des erlittenen Schocks nur der Diskrepanz, die zwischen unserer bisherigen Einschätzung der Zeit und ihrer tatsächlichen, immerwährenden Wirkung besteht. Diese Diskrepanz aber ist so groß, daß wir die Tatsache, die Zeit sei mehr als bloße Uhrenzeit, nur allmählich realisieren können. Als Realität, als Weltkonstituante brach die Zeit eigentlich erst mit der Formulierung des vierdimensionalen Raum-Zeit-Kontinuums durch Einstein, also zu Beginn unseres Jahrhunderts, in unser Bewußtsein ein. Seitdem spielt, bewußt oder unbewußt, das Zeitproblem auch in den Naturwissenschaften eine Hauptrolle, und fast unmerklich, und von Jahr zu Jahr fortschreitend, verändert sich die Auffassung, ja Wertung, die ihm implizit infolge der neuen naturwissenschaftlichen Theorien zuteil wird.

Bei der Behandlung dieses ganzen Fragenkomplexes darf jedoch nicht übersehen werden, daß sich bereits in den drei Einstein vorangehenden Generationen Anzeichen nachweisen lassen, die auf den später erfolgenden Einbruch der Zeit in die dreidimensionale Weltvorstellung hindeuten. Durch Einsteins Relativitätstheorie verlor das bis dahin gültig gewesene kopernikanische Weltsystem seine ausschließliche Bedeutung; es wurde durch das Einsteinsche Raum-Zeit-Kontinuum ergänzt. Ihm zufolge haben wir uns die Welt nicht mehr kopernikanisch als unendlich und unbegrenzt vorzustellen, sondern als

»endlich, aber unbegrenzt«. Mit anderen Worten: Wir mußten nicht nur eine gänzlich neue, der bis dahin gültigen diametral entgegengesetzte Weltsicht realisieren, sondern waren zudem noch gezwungen, uns die neue Komponente, die Zeit, als vierte Dimension bewußt zu machen. Einschränkend kann allerdings gesagt werden, daß dies vorerst nur auf dem physikalischen Gebiet als notwendig erschien. Was aber geschah in den darauffolgenden Jahren? Während immer mehr Wissenschaftszweige begannen, sich mit dem Zeitfaktor auseinanderzusetzen und zu einer das Ganze berücksichtigenden Betrachtungsweise gelangten, während andere bereits mit den vierdimensionalen Gegebenheiten zu arbeiten anfingen und damit äußerst greifbare Resultate wie beispielsweise die Atomspaltung bewirkten, verblieb die nicht-wissenschaftliche Welt, und in ihr nicht zuletzt die führenden Staatsmänner und Leiter der Wirtschaft, noch der bereits überholten dreidimensionalen und dualistisch-materialistischen Weltvorstellung verhaftet, handhabte aber bereits vierdimensionale Produkte. Jedoch: Sie verwendeten diese vierdimensionalen Produkte falsch, nämlich auf eine dreidimensionale Art.

Und nun ist die Verwunderung groß, daß dabei dieses ganze Weltgefüge ins Wanken kam. Zu der das Ganze in den Blickbereich einbeziehenden Betrachtungsweise, wie sie heute bereits von einigen wissenschaftlichen Disziplinen vertreten wird, konnte sich die Allgemeinheit noch nicht entschließen, da sie noch immer gemäß der dreidimensionalen Vorstellungswelt dachte und handelte. So betrachtete sie aber nach wie vor nur einen Aspekt der Welt als wirklich, nämlich den räumlichen, und die Zeit blieb, was sie gewesen war: Uhrenzeit, bestenfalls noch Lieferfrist, Verfallstermin und nebenbei noch etwa Lebensdauer, an die man möglichst nicht dachte, da man vor dieser Zeit, die hier besonders begrenzt wirkt, Angst hatte. Was aber bedeutet es denn, wenn man dergestalt nur einen Aspekt der Welt sieht, wenn man nur einen Teil der Wirklichkeit sieht? Es bedeutet, daß man nicht das Ganze sieht, sondern die Welt teilt. Wer aber nur einen Teil der Welt realisiert oder anerkennt, zum Beispiel den räumlichen, und dies zu einer Stunde, da auch der andere Teil, der zeitliche, bereits zu bewußter Wirkung und Wirklichkeit im Menschen erwacht ist, sollte sich nicht wundern, wenn er eines Tages selbst geteilt wird oder nur noch als Teil einer Masse erscheint. Das aber bedeutet, daß er, und mit ihm seine Welt, zerstückelt und zerstört wird oder daß er sich selbst zerstückelt und zerstört, wie es die Atomspaltung in Aussicht stellt. Unser Europa hat mit den zwei Weltkriegen, die es auslöste, diese Selbstzerstörung in geradezu selbstmörderischem Ausmaße begonnen. Vielen wird dieses Beispiel nicht behagen. Aber es gibt noch andere Beweise für die zumindest vorübergehende, keineswegs unverschuldete Ohnmacht unseres Kontinentes. Die Theorien, die das Antlitz der heutigen Weltstunde von Grund auf veränderten, wurden – und wir wollen das keineswegs vergessen – in Europa geboren. Doch scheint es, daß wir von der folgenschweren Tragweite dieser Theorien zuerst einmal wie betäubt waren. Wir haben sie zwar geschaffen, aber wir haben sie nicht verwalten können. Wir denken da, um nur ein einziges Beispiel herauszugreifen, das sich für unsere Ohnmacht und Lähmung anführen läßt, an das Schicksal der materialistischen Theorien, die wie viele andere Theorien, welche wir in Europa erarbeiteten, weltverändernd wirkten, und die, wie vieles andere auch von anderer Seite mißbraucht wurde, weil wir nicht die Bewußtseinsstärke aufbrachten, sie mit voller Verantwortung zu verwalten. Wir haben es zugelassen, daß die neuen soziologischen Theorien, statt daß wir ihre überholten dreidimensionalen Grundlagen umgestalteten, durch eine europäische Nachfolgekultur, die russische, mißbraucht wurden. Sie hat den auf Hegel, Marx und Engels zurückgehenden Marxismus in den Leninismus und dann in den Stalinismus übersteigert und umgedeutet, weil Europa am dualistischen Weltbild festhielt, als dessen Zeit um war.

Die Notsituation, in der wir uns heute befinden und nach deren Warum wir fragen, geht auf diesen Tatbestand zurück, daß es uns im entscheidenden Moment als europäischer Gesamtheit nicht gelungen ist, den Sprung aus der dreidimensionalen Welt unserer Väter in die vierdimensionale Wirklichkeit unserer Tage zu vollziehen. Und solange wir ihn nicht vollziehen, werden Krisen, Unsicherheit und Angst weiterherrschen. Sie können uns über kurzem zerstören, es sei denn, es gelänge uns die Realisierung der neuen Weltwirklichkeit. Mit anderen Worten: Wir müssen eine neue Einstellung zu den neuen Gegebenheiten der Wirklichkeit gewinnen, die sich in einer neuen Weltsicht kristallisiert. Durch sie würde die Mehrzahl der uns bedrängenden Probleme und Ängste deshalb lösbar werden, weil dann unsere Einstellung, unsere Gesamteinstellung, eine fundamental andere sein würde. Und vor allem: weil diese Einstellung dann der heutigen Wirklichkeit voll entspräche und somit gesund wäre. Gesünder jedenfalls, als es die des eiskalten dogmatischen Fanatismus östlicher Prägung ist; und damit wäre sie auch sicherer und stärker als die östliche und ihr deshalb überlegen! Denn der Stärkere, nicht der Mächtigere siegt, weil Macht auch immer von Ohnmacht bedroht ist. Wer den Machtanspruch zurückstellt, entgeht der Ohnmacht und besinnt sich. Da wir bereits in einer vierdimensionalen Wirklichkeit leben, ist es nicht mehr statthaft, daß wir unbesonnen noch so denken und handeln, als lebten wir noch immer in der dreidimensionalen Welt unserer Väter und Vorväter. Ist es deshalb wirklich berechtigt, daß uns unser scheinbares Versagen heute unsicher und angstvoll macht? Dafür ist es nachgerade doch wohl zu offensichtlich geworden, daß irgend etwas Fundamentales nicht stimmt.

Um diese unsere Situation ganz kraß vor Augen zu führen, sei ein drastisches Beispiel gebraucht: Wir bewegen uns in unserer modernen Welt so, wie sich ein »Wilder«, den man gerade aus dem Urwald geholt hat, in der Welt unserer Väter bewegt haben würde. Dieses Beispiel ist insofern zutreffend, als der primitive Mensch in einer bloß zweidimensionalen Welt lebt, die er nur vegetativ erlebt. Er erfährt sie also ohne die Stützen des begrifflichen Denkens und somit ohne die Kenntnis eines Raumbegriffes, während unsere Väter in der dreidimensionalen, begrifflichen Raum- und Denkwelt zu Hause waren und sich so lange in ihr wohl befanden, als die Möglichkeit einer anders dimensionierten Welt für ihr Bewußtsein noch nicht bestand. – Ein weiterer Vergleich mag zusätzlich unser bisheriges Versagen vor der neuen Wirklichkeit anschaulich machen. Wir verhalten uns wie einer, der versucht, in einem Zimmer mit einem Ultraschallflugzeug zu fliegen. Mit anderen Worten: wir versuchen in einer Welt, dem Zimmer, das ein dreidimensionaler Raum ist, ein Produkt vierdimensionaler Art, ein Ultraschallflugzeug, anzuwenden, das unser bisheriges, nur räumlich geschultes Wahrnehmungsvermögen übersteigt.

Wenden wir uns jetzt der zweiten Frage zu. Sie lautet: Inwiefern ist eine neue Weltsicht möglich?

Um einer Möglichkeit Realisations-Chancen zu geben, müssen wir den Mut aufbringen, das mögliche Resultat zu umschreiben, müssen versuchen, ihm durch eine Aussage Kontur zu geben. In diesem Sinne haben wir die mögliche neue Wirklichkeit als Ausdruck eines anbrechenden aperspektivischen Zeitalters bezeichnet. Auf die Berechtigung dieser beiden Begriffe »aperspektivisch« und »Zeitalter« muß, wollen wir das Mögliche wahrnehmbar machen, zuerst eingegangen werden.

Mit dem Begriff »aperspektivisch« soll die Wahrnehmungsweise der vierdimensionalen Wirklichkeit umschrieben sein. Da es sich als sinnvoll herausstellte, die Vorstellungsweise, die wir als charakteristisch für die dreidimensionale Welt erkannten, als ein perspektivische zu bezeichnen, ergab sich der neue Begriff »aperspektivisch« von selbst. Dieser bringt ein Befreitsein von der perspektivischen Seh- und Vorstellungsweise zum Ausdruck, ohne deshalb die perspektivische Sehweise etwa als völlig unbegründet zu erklären. Das ist wichtig! Es kann nicht die Rede davon sein, die bis vor kurzem allein gültige perspektivische Sehweise einfach zu negieren. Innerhalb ihres Bereiches behält sie Gültigkeit. Aber dieser Bereich erscheint heute so begrenzt, wie jeder Raum begrenzt ist. Das Perspektivische wird weiterhin mitgültig bleiben; aber es verliert seinen Ausschließlichkeitsanspruch innerhalb einer neuen Weltsicht, was jedoch nur einer partiellen Negierung gleichkommt. Wäre das Perspektivische vollständig abzulehnen, so wäre statt des Wortes »aperspektivisch« das Wort »unperspektivisch« zu verwenden gewesen. Das Wort »unperspektivisch« kennzeichnet übrigens seinerseits eine Erfahrungsweise, die der perspektivischen Anschauung zeitlich vorausging. Um auch diesen Sachverhalt noch kurz deutlich zu machen, sei erwähnt, daß die »unperspektivische Welt« jene der frühesten griechischen Vasenmalerei und der späteren europäischen Goldgrundmalerei war. Sie wurde in der Renaissance von der perspektivischen Sehweise abgelöst, wobei die Perspektive das technische Mittel war, den Raum, den endgültig erst die Renaissance entdeckte, den dreidimensionalen Raum, zu realisieren. Die »Perspektivkunst«, als welche sie damals jubelnd begrüßt und benannt wurde, dürfen wir heute als eines der plastischsten und am stärksten in die Augen springenden Merkmale des dreidimensionalen Zeitalters werten. Seitdem dieses nun allmählich durch das vierdimensionale Zeitalter abgelöst wurde, setzte auch eine Abwendung von der dreidimensionalen Perspektive ein. Diese Abwendung kommt bildmäßig erstmals bei Cézanne zum Ausdruck, ohne daß seine Gestaltungen deshalb unperspektivisch wären. In ihnen drückt sich eine Befreiung vom perspektivischen Sehen aus. So betrachtet können wir unsere heutige Weltsicht als aperspektivisch bezeichnen. Von diesem Betrachtungsstandpunkt aus dürfen wir demzufolge auch von einem »aperspektivischen Zeitalter« sprechen. Die Verwendung dieses Begriffes drängte sich auf, weil es nicht angebracht erschien, gewisse andere Bezeichnungen zu gebrauchen, mit denen das neu in Erscheinung tretende Zeitalter gelegentlich benannt worden ist. So verleiht der Begriff »Zeitalter des Proletariats« zu einseitig nur einem Teile der Menschheit den Akzent und bringt eine zu starke und unnatürliche Nivellierungs-Tendenz zum Ausdruck. Von einem »Wassermann-Zeitalter« zu sprechen, überlassen wir besser jenen, die in vorgeschichtlichen, kosmisch betonten Symbolen denken, obgleich dieser Ausdruck sich bereits hin und wieder in wissenschaftlichen Schriften, vornehmlich einiger Psychologen, findet. Die Bezeichnung »Atom-Zeitalter« zu gebrauchen, halten wir für unerwünscht, weil es primär in das Zeichen der Atombombe, also der Zerstörung gestellt ist. Es einfach ein »vierdimensionales« zu nennen, widerstrebte uns deshalb, weil dieser weidlich mißbrauchte Begriff zuerst einer weiteren Abklärung bedarf. Was nun noch den Ausdruck »Zeitalter« selbst anbelangt, so dürfte er zu Recht gewählt sein. Mit dem Beginn unseres zwanzigsten Jahrhunderts ging zufolge der Erkenntnisse und Realisierungen eines Einstein, Planck, Bergson, Freud, Picasso, um nur einige zu nennen, eine Weltepoche zu Ende, die um das Jahr 500 v. Chr. in Griechenland begonnen und in der Renaissance ihren Höhepunkt erreicht hatte. In diesem Zeitalter wurde sich der Mensch des Raumes bewußt. Heute geht es um neue Dinge, um die zusätzliche Bewußtwerdung der Zeit als einer Intensität, Qualität und Weltkonstituante. Die beiden letzten Generationen, jene seit 1900, verkörpern aber nicht einfach eine Stilepoche mit umgekehrten Vorzeichen und umgekehrten Ausdrucksweisen und Ausdrucksmitteln, wenn wir sie mit jener der Generationen vor 1900 vergleichen. Die erste Hälfte des zwanzigsten Jahrhunderts ist nicht bloß eine Reaktion auf das vorausgegangene neunzehnte. Es ist einfach, ja verführerisch, diese beiden Stilepochen nur so zu werten, also das zwanzigste Jahrhundert als Reaktion und Kompensation des vorausgegangenen zu betrachten, weil eine solche Bewertung in einem gewissen Sinne bisher gültig war. Denn auf die Strenge der Renaissance folgte die Üppigkeit des Barock, auf das Barock folgte dann die strenge Klassik und Aufklärung, auf die Aufklärung wiederum die überbordende Romantik, auf die Romantik der materialistische Naturalismus. Aber alle waren sie Kinder der dreidimensionalen Raumwelt und an die Perspektive gebunden. Unsere Zeit aber ist ein Kind des vierdimensionalen Raum-Zeit-Kontinuums. Und das ist, wir haben es alle am eigenen Leibe gespürt, eine sehr neue Welt, die eine strukturelle Änderung, nicht eine bloße Reaktion auf die Vorperiode zum Ausdruck bringt.

Mit diesem letzten Hinweis kommen wir nun auf die letzte Frage zurück, die zu beantworten bleibt. Ist eine neue Weltsicht *möglich*? Die Antwort kann nur lauten: ja. Wenn es uns zu realisieren gelingt, was bereits wirkend in Erscheinung zu treten beginnt, so ist die neue Weltsicht vollzogen, und wir stehen wieder auf gefestigtem, der neuen Wirklichkeit entsprechendem Boden. Wenn es uns nämlich gelingt, nicht nur räumlich und damit teilhaft und teilend zu denken, sondern auch die »Zeit« in ihrer ganzen Komplexität in unsere Wirklichkeit einzubeziehen, wird die neue Weltsicht gelingen, weil wir dann der neuen Wirklichkeit entsprechend eine *ganze* Welt sehen, weil wir dann (mental ausgedrückt) ganzheitlich zu sehen gelernt haben werden. So ist zum Beispiel das bisherige Nicht-weg-Können vom Nationalismus ein Beispiel des dreidimensionalen Denkens. Der Mensch als Glied einer Nation faßt Art und Wesen der eigenen Nation als die ideale Konstante auf: Dies aber ist ein statisches Konzept und damit eine dreidimensionale, perspektivisch fixierte Vorstellung. Heute müssen wir, wie neueste geschichtsphilosophische und soziologische Überlegungen erweisen, die Nationen als dynamische Einzelentfaltungen eines größeren Kulturkreises betrachten. Sobald wir uns dieser Tatsache bewußt werden, ist der Nationalismus zwar nicht abgeschafft, aber überwunden. Er ist dann in einer weiteren, umfassenderen Wirklichkeit integriert worden, weil nicht mehr die Teile, die Nationen, sondern die sie umfassende Ganzheit, der betreffende Kulturkreis, Wirkungs- und Bewußtwerdensmöglichkeit erhält.

Gerade dieses Beispiel scheint uns wertvoll und aufschlußreich, denn es zeigt nicht nur, daß eine neue, konstruktive Weltsicht oder Betrachtungsweise der Gegebenheiten möglich ist, sondern enthält als wesentlich vor allem zwei Kompenenten, welche ausschlaggebend dafür sein dürften, daß die neue Weltsicht realisierbar wird. Diese beiden Komponenten sind die zeitliche und die ganzheitliche! Die zeitliche wird in der Auffassung sichtbar, daß Nationen keine statischen Ideen seien, sondern dynamische Einzelentfaltungen eines größeren Kulturkreises sind. In dem Moment, da die zeitliche Komponente in die Betrachtung hineingenommen wird, kommt auch das gänzlichende Moment zum Durchbruch, denn es schließt sich das zum Ganzen zusammen, was bloß räumlich gesehen sich feindlich und gegensätzlich gegenüberstand. Eine neue Ausgangsbasis ist gewonnen, die neue Weltsicht ist auf einem wesentlichen Gebiete vollzogen. Sie war notwendig; und deshalb ist sie möglich.

Bibliographische Notiz

Die Beiträge »Menschenbild und Lebensgestaltung«, »Wie lebt der Mensch« und »Höhle und Labyrinth« entstammen Gebsers Buch »Ein Mensch zu sein«, Bern und München 1974.

Die Aufsätze im Kapitel ASIEN UND EUROPA entstammen dem Werk »Asien lächelt anders«, Berlin, Frankfurt/M., Wien 1968.

»Vom Werden der Wissenschaft«, »Das Jahr 1500« sowie »Das Jahr 1900« finden sich in: »Abendländische Wandlung«, Zürich/New York 1943.

»Strukturwandel europäischen Geistes« wurde 1954 vom Stifterverband für die Deutsche Wissenschaft, Essen-Bredeney, herausgegeben.

»Notwendigkeit und Möglichkeit einer neuen Weltsicht« findet sich in: »In der Bewährung«, Bern und München 1962.

Von Jean Gebser sind lieferbar:

»Der grammatische Spiegel«, Zürich 1963
»Zerfall und Teilhabe«, Salzburg 1974
»Gesamtausgabe in acht Bänden«, Schaffhausen 1975 bis 1981